말하기가 두려운 날엔

말하기가 두려운 날엔

펴 낸 날 | 2025년 12월 10일 초판 1쇄

지 은 이 | 신유아
펴 낸 이 | 이태권

편   집 | 정지원, 박정호
북디자인 | 김혜수

펴 낸 곳 | 소담출판사
서울특별시 성북구 성북로5길 12 소담빌딩 301호 (우) 02880
전화 | 02-745-8566   팩스 | 02-747-3238
등록번호 | 1979년 11월 14일 제2-42호
e - mail | sodambooks@naver.com
홈페이지 | www.dreamsodam.co.kr

ISBN 979-11-6027-501-8 (03810)

- 책값은 뒤표지에 있습니다.
- 잘못된 책은 구입하신 곳에서 교환해드립니다.

말하기가

두려운 날엔

신유아 지음

소담출판사

프롤로그

"척! 을 버려라!"

나는 SBS 공채 개그맨 출신으로 아나운서, 기상 캐스터, 리포터, 쇼호스트, MC로 활동했다. 이 모든 직업의 공통점은 말을 잘해야만 할 수 있는 직업이라는 것이다. 오디션과 공채 시험, 면접이 필수였기에 나는 말을 어떻게 해야 사람들을 잘 설득할 수 있는지, 어떻게 해야 면접에 합격할 수 있는지, 어떻게 해야 스피치를 통해 원하는 것을 얻을 수 있는지를 누구보다 잘 알고 있다.

앞에 언급한 직업들에 더해 현재는 U 스피치 커뮤니케이션 대표로, 어린이부터 성인까지 스피치 교육을 진행하고 있다. 교육을 받은 수강생들의 스피치 실력은 물론이고 성격, 더 나아가 인생이 바뀌는 모습을 수없이 많이 봐 왔다. 이 책에서는 스피치 전문가로서 많은 사람들을 교육하며 느꼈던, 그리고 내가 직접 체험한 경험과 노하우를 자세히 풀어 나가고자 한다.

본인이 실력의 부족함을 체감할 때 스피치 훈련을 해야 변화한다. 말을 잘하지 못해 대인공포증을 앓던 중 훈련을 통해 두려움을 극복하고 현재는 사회생활을 잘하고 있는 사람도 있고, 발음이 정확하지 않아 말하는 게 힘들었지만 발음 교정 훈련을 받고 자신감을 얻어 직장에서 성공적으로 프레젠테이션 발표를 수행한 사람도 있다. 누구나 노력하면 말을 잘할 수 있다.

스피치는 모든 사람에게 중요하지만, 특히나 취업을 준비하는 학생이나 연예인을 꿈꾸는 지망생, 회사에서 프레젠테이션 발표를 해야 하는 직장인이나 이직을 준비하는 이직 준비생은 스피치를 통해 자신의 매력을 더욱 잘 전달하고 보여줄 수 있다.

1974년 캐나다 토론토 대학에서 사람이 언제 두려움을 느끼는지 조사를 한 적이 있다. 그중 41%를 차지한 답변이 '대중 앞에서 연설하는 것'으로, 고소, 금전, 질병, 죽음에 비해 월등히 높은 비율로 나타났다. 스피치에 대한 두려움이 매우 크다는 것을 의미한다.

여러 심리학 연구에서도 사람들은 죽음보다 대중 앞에서 말하는 것을 더 두려워한다고 보고되었다. 미국 심리학회 및 커뮤니케이션 학회 조사 결과, 대중 앞에서 발표하거나 말하는 것이 공포 항목 1위로 선정된 적도 있다.

사람들이 이토록 스피치를 두려워하는 이유는 평가에 민감하기 때문이다. 말을 못하면 사람들이 자신을 우습게 보지 않을까? 하는 마음이 있는 것이다. 과거에 스피치로 인해 창피를 당한 경우 실패 경험이 떠올라서 두려워하기도 한다.

우리의 뇌는 많은 사람이 집중하는 상황을 위험 상황으로 판단한다. 스피치를 할 때 사람들이 주목하면 할수록, 많은 사람들이 나의 이야기에 집중할수록 떠는 것이 이런 이유이다. 떨리면 몸에서 반응을 한다. 입이 바짝 마르고 땀이 나며 불안해지니 말을 해야 하는 자리에서도 자꾸만 상황을 피하려고만 한다.

하지만 앞서 말했듯 스피치는 노력으로 얼마든지 극복할 수 있다. 지금까지 스피치에 대한 두려움이 컸다면 이 책을 통해 스피치란 두렵지 않고 즐기는 것임을 알아 가길 바란다. 그동안 사람을 만나 늘 대화를 듣기만 했다면, 이제는 대화를 하는 화자의 입장이 되어 보길 바란다.

책에 소개되는 교육생들의 일화를 바탕으로 어떻게 하면 스피치를 잘할 수 있을지, 어떤 노력으로 변화를 이끌어냈는지 확인해 보고 스피치 변화를 위해 훈련을 해 보자. 다양한 직업의 다양한 사람들이 변화된 스피치를 통해 인생이 어떻게 달라졌는지 확인할 수 있을 것이다.

자신의 상황과 비슷한 이들도 있을 것이며, "설마, 저런 사람도 있어?" 하며 의아해하는 사람들도 있을 것이다. 의아해할 필요 없다. 이 책에 나온 모든 일화는 사실이다. 책을 통해 자신감을 얻고 나도 할 수 있다는 생각을 가졌으면 한다.

스피치 또한 의료 진단과 마찬가지로 정확한 상황 파악과 처방, 훈련이 필요하다. 목소리는 좋은데 말이 빠른 사람, 발음은 좋은데 시선 처리가 안 되는 사람, 떨림이 심한데 원인이 무엇인지 모르는 사람 등 다양한 유형이 존재하며, 이에 맞는 처방법과 훈련법이 각각 다르다. 그러니 상담을 통해 문제의 원인과 우선순위를 파악한 뒤 개선해 보자.

　스피치 교육 전의 상담은 단순한 형식이 아니다. 교육의 시작이자 가장 중요한 단계이다. 자신의 목표와 문제를 명확히 알고 맞춤형 스피치 솔루션을 받아야만 좋은 결과를 낼 수 있으니 필수 과정이라고도 할 수 있다. 이 글을 읽는 독자 중 스피치 교육을 받을까 말까 고민하는 사람이 있다면 시간적인 여유가 있을 때 스피치 교육을 받기 전 꼭 대면 상담을 하는 것을 추천한다.

　바빠서 학원에 방문할 시간이 없어 전화로만 상담하는 경우가 있는데 목소리만으로는 스피치 상태를 정확하게 파악할 수 없다. 스피치를 할 때 드러나는 얼굴 근육의 쓰임, 호흡, 진정성, 표정 등 이 모든 것들이 하나의 연결고리이기 때문에 대면 상담을 받는 것이 좋다.

　스피치에서 말하는 내용(언어적 요소)보다 더 많은 부분을 차지하며 더 중요한 것이 바로 비언어적인 요소이다. 비언어적인 요소는 앞서 언급한 얼굴 근육의 쓰임, 호흡, 진정성 등을 포함해 얼굴 표정, 아이 콘택트, 옷차림, 손동작, 목소리 등 말의 내용을 제외한 것이다.

　이러한 모든 요소들이 스피치를 잘하는 범위에 포함된다. 이 모든 것들을 제대로 확인하고 스피치 교육을 시작하라.

　상담을 할 때 나는 항상 다음과 같은 질문을 한다.
　"왜 스피치 변화를 원하시나요?"
　대답은 보통 4가지 유형으로 나뉜다. 첫 번째는 자신감이 없고 말하기 쑥스럽다는 유형. 두 번째는 친한 사람들 앞에서는 말을 잘하는

데 발표할 때 말이 잘 안 나온다는 유형. 세 번째는 발표를 할 때 얼굴이 빨개지고 심장이 터질 것 같다는 유형. 마지막으로 밤새 발표 준비를 열심히 했지만 막상 시작하면 준비한 것의 반의 반도 못한다는 유형.

그 외에도 다양한 이유들이 있지만 결국엔 자신의 스피치에 불만이 있고 자신의 스피치에 만족하지 않는다는 결론으로 귀결된다.

스피치는 교감이 기본이 되어야 한다. 이 세상은 혼자서 살아갈 수 없다. 사람들과 함께 살아가면서 중요한 것은 상대방과의 소통이다. 면접장에서는 사람의 마음을 얻어야 선택을 받고 프레젠테이션 발표도 결국 사람의 마음을 울려야 한다. 말은 진심과 진정성이 상대방에게 전달되어야 한다. 진정성은 참된, 거짓 없는 진실된 마음이다. 스피치를 하는 상황이니까 억지로 하는 것이 아니라 본인이 직접 느끼는 것을 솔직하게 말해야 한다.

마음의 문을 열고 두려움을 떨치고 스피치를 하면 쉽고 재미있다.

가수를 뽑는 오디션 프로그램이 유행했던 적이 있다. 심사위원들이 공통적으로 했던 말이 있다. 노래를 말하듯이 하라. 누구를 따라 하려 하지 마라. 진심으로 불러라. 억지로 노래를 부르거나 사람들을 의식하지 말고 편하게 이야기하듯이 노래하라는 말이다. 나는 이 말에 적극 동의한다. 진심이 중요한 것이다.

가수를 뽑는 오디션 프로그램에 출연했던 한 고등학생이 40대 중반 아저씨처럼 나이에 맞지 않게 능숙한 척 노래를 하는 장면이 카메라에 잡힌 적이 있다. 이때 심사위원이 고등학생 친구에게 했던 말이 생각난다. 꾸밈이나 기교 없이 진심으로 노래를 하라는 것이다. 발성도 좋고 리듬감도 좋아 그 학생의 노래를 들으면 언뜻 잘하는 것처럼 들린다. 하지만, 고등학생의 느낌으로 자신의 목소리로 노래를 부른 것이 아니다. 40대 중반의 연륜 있는 사람의 목소리를 따라 한 것이다. 노래는 잘하지만 '척'을 한 것이다. 노래가 식어버린 것이다.

스피치도 마찬가지다. 스피치를 잘하려면 척을 버리고 마음을 열어야 한다. 척을 하는 순간 가짜인 것이다. 예쁜 척! 잘난 척! 멋진 척! 있는 척! 말 잘하는 척! '척'을 하지 말자.

연예인들은 이미지 메이킹을 통해 시청자들의 마음을 사로잡는다. 인기를 위해 기획사에서는 본래의 모습과 동떨어진 이미지를 만들어 주기도 하는데 자신과 동떨어진 이미지 메이킹은 자연스럽지 못해 언젠가는 시청자들에게 들켜 버린다.

모 여자 연기자는 자신은 털털한 성격인데 기획사에서 자신의 이미지를 청순한 컨셉으로 잡은 탓에 그간 하고 싶은 말을 못해서 너무 답답했다고 했다. 예능에 출연해 자신의 실제 모습대로 밝은 모습을 보여주고 싶었지만 그러지 못해서 너무 불편했다고 말했다. 텔레비전에 비치는 모습은 청순하고 얌전한 모습이었지만 실제 자신은 농담도 잘하고 낯선 사람과 만나도 금방 친해지는 성격이라고 말했다.

연기자는 지난 몇 년간 방송 활동을 안 한 이유가 자신의 가식적인 모습을 보여 주기 싫어서였다고 고백했다. 자신의 본 모습을 감추고 숨기면서 활동을 한다는 것이 얼마나 힘들었겠는가? 자신이 자신다워야 당신도 편하고 당신을 보는 사람들도 편하다. 진정성 있는 모습이 있어야 타인에게도 사랑 받을 수 있는 것이다. 척을 했다는 사실을 알게 되면 좋았던 이미지도 사라져 버린다. 진짜는 척을 하지 않는 법이다.

좋은 스피치는 척을 하지 말아야 한다. 스피치를 할 때에는 자신에게 충실한 스피치를 해라. 폼 잡으며 스피치 할 필요 없다. 편안하게 스피치를 하라. 일부러 만들어서 하면 절대 안 된다. 내가 말하고자 하는 내용에 흠뻑 빠져서 스피치를 해야 한다. 척 하면 사람들은 눈치 챌 것이고 당신의 스피치를 듣기 거북해 할 것이다.

척을 버릴 준비가 되었는가? 그럼 당신은 이 책을 읽을 준비가 충분히 되어 있는 것이다. 예쁜 척! 잘난 척! 있는 척! 멋진 척! 말 잘하는 척! 척! 척! 척! 척을 버리고 진정성 있게 스피치를 하자. 자, 준비 되었는가?

프롤로그 4

제1장 세상의 모든 스피치는 내가 만든다
----
1. 진정성 있는 스피치가 최고의 스피치다   15
2. 스토리텔링이 있는 스피치는 지루하지 않다   31
3. 대상에 따라 다르게 말하는 센스가 있어야 한다   42
4. 목소리가 좋으면 스피치는 덤이다   54

제2장 스피치를 잘하면 인생을 바꿀 수 있다
----
1. 공감과 동감의 스피치는 적을 만들지 않는다   69
2. 리듬감 있게 말하면 재미있게 말할 수 있다   80
3. 몸을 쓰면 생기있게 말할 수 있다   91
4. 숫자를 쓰면 똑똑한 스피치가 된다   102

제3장 스피치를 잘하면 인정받는 사람이 된다
----
1. 인정의 욕구를 파악하면 스피치가 쉬워진다   113
2. 연기하듯이 스피치를 하면 살아있는 스피치가 된다   124
3. 스피치 공포를 이겨내면 말을 잘할 수 있다   135
4. 눈치를 보면 말하기가 어려워진다   146

제4장   스피치를 잘하면 대우가 달라진다

1. 몰입해서 말하면 말을 잘할 수 있다   159
2. 스피치의 중심에는 경청이 있다   170
3. 말하기의 즐거움을 알면 인생이 즐겁다   181
4. 누구나 끼 있게 말할 수 있다   195

제5장   스피치를 잘하면 눈도장을 찍을 수 있다

1. 에너지가 있으면 생기있게 말할 수 있다   207
2. 비언어적인 요소는 스피치의 핵심이다   217
3. 직진으로 말하면 설득을 잘할 수 있다   227
4. 똑똑하게 말하고 싶다면 논리적으로 말해라   239

에필로그   250

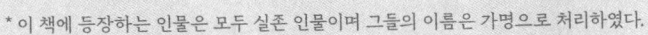

* 이 책에 등장하는 인물은 모두 실존 인물이며 그들의 이름은 가명으로 처리하였다.

제1장

세상의 모든 스피치는 내가 만든다

1. 진정성 있는 스피치가 최고의 스피치다

말의 힘은 마음, 두 명의 보험 영업 사원

보험 회사 영업 사원으로 재직 중인 두 명의 친구가 학원을 찾아왔다.

30대 초반으로 보이는 민철과 창수는 초중고 동창이다. 보험 회사에 입사해 자리를 잡은 민철이 절친한 친구 창수에게 보험 회사를 다녀보라며 권유해 그도 얼마 전부터 보험 영업 일을 시작하게 되었다. 보험 영업 실적이 좋은 민철은 창수의 자신감 없는 소극적인 모습 때문에 영업 실적이 좋지 않은 것 같아 안타까운 마음이 들어 스피치 학원을 찾아보았다고 했다.

민철은 창수가 숫기도 없고 목소리도 작아 영업하기 너무 힘든 조건이라고 말했다. 창수에게 자기소개를 부탁했더니 긴장하며 떨면서 말했다. 더듬거리며 말하는 창수를 옆에서 보다 못한 민철이 영업은 재미있게 말해야 하고 과장도 해야 한다며 끼어들어 다그쳤고 창수는 묵묵히 듣고만 있었다.

이 모습을 보면 자신감이 없는 창수만 스피치가 부족하다고 생각할 수 있지만, 민철과 창수 모두 부족한 부분이 있었다. 목소리만 크다고 스피치를 잘하는 건 아니다. 말의 내용만 번지르르하다고 좋은 것도 결코 아니다.

스피치의 기본은 소통 그리고 진정성이다. 소통을 잘하려면 동감과 공감을 잘해야 한다. 동감은 상대방의 의견에 동의를 하는 것, 공감은 상대방의 의견에 이해와 인정을 해 주는 것이다.

사람들은 대부분 의견 차이가 나면 너는 틀리고 나는 맞다는 식으로 스피치를 하는 경우가 많다. 바람직하지 않다. 소통을 잘하려면 동감과 공감의 법칙을 잘 알고 행동하면 좋다. 민철은 그 부분이 매우 부족해 보였다.

민철은 소통 능력이 부족했고 창수는 자신감이 많이 부족했다. 민철은 사람들과 소통을 잘하는 교육이 필요했고, 창수는 자신감을 키우는 교육이 필요했다. 두 사람 모두 영업을 하기 때문에 다른 사람들보다 스피치를 더 잘해야 하는 게 당연했다. 함께 스피치 교육을 받는 걸 권유했지만 민철은 본인은 스피치를 잘한다며 결국 교육을 받지 않았고 창수 혼자 교육을 받았다.

자신에게 맞는 보이스 톤 찾기

첫 수업이 시작되었다. 창수는 굉장히 목소리가 작았다. 사람마다 생활 환경, 습관, 성격이 다르다. 목소리도 그렇다. 목소리의 색깔과 톤도 제각각 다르다. 창수에게는 자신의 보이스 톤을 찾고 목소리 볼륨을 높이는 훈련이 가장 먼저 필요했다.

자신에게 맞는 편안한 보이스 톤을 찾는 방법

성대에 손가락을 댄 상태에서 소리를 내 보자.

1. 가장 낮은 저음 내 보기
2. 가장 높은 고음 내 보기
3. 중간 정도의 소리 내 보기

내게 맞는 보이스 톤은 성대가 지나치게 올라가거나 내려가지 않는 진동이 느껴지는 상태이다.

또, 다양한 글들을 소리 내어 읽다 보면 본인에게 맞는 편안한 보이스 톤을 찾을 수 있고 내가 원하는 목소리 톤에 가깝게 다가갈 수 있다.

예를 들어 목소리 톤을 저음에서 고음까지 1~10의 볼륨이라 가정해 보자. 1이었던 소리를 갑자기 10으로 높일 수는 없겠지만, 최대 6~8 정도의 크기까지는 훈련으로 얼마든지 높일 수 있다.

창수는 매우 성실하고 배려심 있는 사람이었다. 다른 교육생들과 교육을 진행할 때면 상대의 말을 자르거나 반박하는 경우가 없었다. 상대방의 의견을 끝까지 다 듣고 난 후 본인의 의견을 천천히 말했다. 창수는 민철에게는 부족한 타인을 존중하는 소통 능력을 갖고 있었다.

즉흥 스피치

교육과정 중에는 '즉흥 스피치'라는 수업이 있다. 다양한 질문을 통하여 순발력을 기르고 생각을 잘 정리해서 말할 수 있게 도와주는 교육 프로그램 중 하나다.

첫 질문으로 나는 그에게 왜 보험 회사에서 일하게 되었는지 물었다. 그는 너무 절박해서 보험 영업을 시작하게 되었다고 말했다. 원래 자신은 성향상 말하기를 좋아하지 않는 사람이고, 영업을 할 거라는 생각은 한 번도 못 했다며, 원래 영업과 맞지 않는 성격이라고 솔직하게 털어놓았다.

그런 그가 영업을 선택한 것은 결혼을 앞둔 시점에 부득이하게 전 회사에서 회사 구조 조정으로 나오게 되었기 때문이다. 모아 둔 돈이 없어 속앓이를 하던 중 우연한 기회에 친구 민철의 권유로 보험 영업을 시작했다. 처음에는 많이 힘들었지만 돈도 벌게 되고 사람들에게 도움도 주게 되어 기쁘다고 말했다. 실제 본인도 보험을 통해 도움을 크게 받은 적이 있어 더욱 사람들에게 도움을 주고 싶다고 했다. 어찌나 보험 자랑을 하던지 친구에게 구박받던 창수의 모습이 아닌 것 같았다.

그의 보험 사랑은 계속 이어졌다. 어느 날 아내와 지방에 가는 길에 차 사고가 나서 많이 놀랐지만, 보험 덕분에 처리가 잘되었다고 한다. 그런 혜택을 다른 사람들도 많이 누렸으면 좋겠다고 말했다. 끝으로 보험 영업을 통해 돈도 많이 벌고 싶다고 말했다. 그의 말에는 진심이 묻어나 있었다. 다만 자신감이 부족했다.

영업 실적이 좋지 않아 자신감도 없고 워낙 소극적이고 위축된 상태였기 때문에 '자신감 기르는 훈련'을 많이 했다. 자신감을 향상시키려면 많은 사람들 앞에서 발표를 반복적으로 해야 효과가 좋다.

노출 효과라는 것이 있다. 익숙함이 두려움을 이긴다는 이론이다. 익숙하지 않고 낯선 환경에서는 누구나 두려움을 느낀다. 처음엔 떨리고 불안하지만, 여러 번 반복되면 뇌가 익숙한 상황으로 인식하게 되어 안정적으로 스피치를 할 수 있다. 같은 자극에 반복적으로 노출되면 안정감이 생겨 말을 편하게 할 수 있다. 긴장이 자신감으로 바뀐다.

또 많은 사람들 앞에서 스피치를 하면 실수를 해도 생각보다 괜찮다는 생각이 생겨 실수에 대한 두려움이 줄어든다. 심리적 안전지대가 형성된다. 반복되면 자기 효능감도 높아진다. 발표를 잘 해냈을 때 칭찬을 받거나, 청중의 반응이 좋으면 할 수 있다는 자기 효능감이 높아진다. 자기 효능감은 자신감을 결정짓는 핵심 요인이다.

반복적으로 발표를 해 봄으로써 스피치가 서툴렀던 사람은 자신의 생각을 말하는 게 더 이상 어색하지 않다는 것을 알게 되고 자신을 드러내는 걸 불편해하지 않게 된다. 그래서 불안해하지 않고 스피치를 잘하게 된다.

나는 창수에게 발표를 반복적으로 시켰다. 학원에서의 훈련이 어느 정도 진행되면 실전 훈련으로 돌입한다.

스피치 버스킹

교육 중에는 지하철과 같이 사람들이 많은 장소에 가서 교육생들이 스피치를 하는 훈련 프로그램이 있다. 그중 '대중 속에서의 외침'은 이태원, 홍대, 명동 등 사람들이 많은 장소에서 스피치를 한다. 거리에서 노래를 부르며 하는 공연을 버스킹 공연이라 한다. '대중 속에서의 외침'은 공연 대신 스피치를 버스킹한다고 생각하면 된다.

스피치가 어렵다고 계속 피하면 실력이 절대 향상되지 않는다. 즐겨야 한다. 이 프로그램은 자율적으로 원하는 이들에 한해 진행한다. 스피치는 강요하면 안 된다. 흥미를 잃게 된다. 나는 강요가 아닌 강조를 한다. 이 프로그램의 중요성에 대해 들으면 대다수는 참석하고 싶어 한다. 이러한 훈련을 통해 대담해지고 용감해진다.

처음에는 얼굴도 빨개지고 심장도 터질 것 같이 떨려서 '내가 이걸 왜 해야 하지?' 하면서 창피해하지만 대인기피증을 극복할 수 있고 자신감 없는 사람들에게 큰 도움이 된다.

창수를 포함한 12명의 교육생들과 함께 홍대로 갔다. 버스킹을 위해 사람들이 몰려드는 장소에 가서 우리는 노래를 부르고 춤을 추는 것이 아닌 'MY STORY'라는 주제로 스피치를 했다. 총 12명의 교육생이 스피치 버스킹에 자원했지만, 당일 스피치를 한 사람은 9명이었다. 그중 창수도 포함되었다. 그는 판매하는 보험 상품에 대해 소개하고 싶다며 스피치를 시작하였다. 그는 떨면서도 용기 있게 자신이 판매하는 보험 상품을 조목조목 잘 설명해 나갔다. 많은 사람이 주목하고 있는 상황에서도 떨리는 목소리지만 스피치를 계속 진행해 나가는 그의 모습이 참 대견스러웠다.

12명 중 3명의 교육생은 쑥스러운지 포기하고 말았다. 뭐든지 첫 술에 배부를 순 없다. 난 스피치 버스킹을 하지 못한 3명의 친구들에게도 대단하다고 박수를 쳐 주었다. 모두 따라와 주었기 때문이다.

사람들이 많은 곳에 가면 과연 잘할 수 있을까? 사람들이 수군대지는 않을까? 내가 말하면 내 이야기에 귀 귀울여 줄까? 그들은 수만 번 고민했을 것이다. 스피치 버스킹을 하는 전날까지도 많이 두려웠을 것이다. 그래도 그들은 자신을 믿고 포기하지 않기 위해 그 자리까지 함께 갔다. 노력한 것이다. 스피치를 하지 못한 3명의 교육생도 언젠가 반드시 이 두려움을 극복하고 많은 사람들 앞에서 스피치 버스킹을 하는 날이 올 것이다.

한 번 발표할 때와 백 번 발표할 때와 삼백 번 발표할 때는 큰 차이가 있다. 무엇이든지 많이 할수록 느는 법이다. 요리를 못하던 사람도 1년 차, 3년 차가 되면 처음보다는 요리 실력이 좋아지지 않는가? 스피치도 마찬가지다. 스피치를 많이 해서 스피치에 대한 면역력을 길러야 한다. 그래야 긴장감도 덜하고 자신감도 훨씬 더 많이 생긴다.

중요한 것은 진정성

창수와의 수업에서는 실제 회사에서 고객을 대하는 상황을 가정하고 스피치 교육을 진행하였다. 앞에서 언급했지만, 스피치에서 가장 중요한 것은 진정성이다. 창수는 판매하는 보험 상품에 대해 진정성 있게 보험 상품을 소개하였다.

화재 보험, 상해 보험, 종신 보험, 실비 보험, 암 보험 등 본인이 판매하고 있는 보험을 종류별로 다 연습하며, 각 보험의 장점들과 고객들에게 알려 주고 싶은 부분을 진심을 다해 설명했다.

어느 순간부터 그는 자신감 있고 설득력 있게 스피치를 하고 있었다. 백화점에 옷을 사러 가서 시착을 해 보았는데, 누가 봐도 어울리지 않는 옷을 점원이 무조건 잘 어울린다고만 한다면 고객은 장사를 하려고 어울리지도 않는 옷을 판매하려 한다 생각할 것이다. 하지만 진정성 있게 어울리는 부분은 어울린다고 말하고 어울리지 않는 옷이라면 기분 나쁘지 않게 다른 스타일의 옷을 추천하면 고객도 더 어울리는 옷을 찾을 수 있으니 얼마나 좋겠는가? 중요한 건 진정성이다.

나의 솔직한 마음을 상대에게 잘 느끼게 해 주어야 한다.

창수는 스피치 교육 수료 후 1년 뒤 보험왕이 되었다. 자신감과 겸손함을 바탕으로 회사에서 누구나 알 만한 사람이 되었다. 어느 날 보험왕이 된 창수가 부러웠는지 민철이 혼자 학원에 찾아왔다. 스피치 교육을 통해 창수가 성격도 많이 바뀐 데다 자신감 있게 변해 자기 눈을 의심했다고 했다. 너무 말을 못해서 큰 기대를 하지 않았는데 스피치 교육을 받고 보험왕까지 하는 모습을 보고 큰 충격을 받았다고 말했다. 스피치 변화로 인생이 달라진 창수가 너무 부럽다고 말했다. 친구가 너무 자신감이 없어서 조금이나마 달라지면 좋겠다고 큰 기대 없이 스피치 학원을 추천했는데 이렇게 보험왕까지 될 줄은 상상도 못한 것이다.

스피치는 상대와 마음을 열고 소통해야 잘하는 것이다. 진심으로, 진정성 있게 말하는 것이 중요한데 민철은 그 부분을 간과하고 있었다. 처음 민철을 만났을 때 부족한 부분을 채우면 더 멋진 영업 사원이 될 거라는 확신이 있었기 때문에 스피치 교육을 권유했는데 교육을 받지 않은 것이었다.

사람의 마음을 열리게 하면 인생도 열리게 된다. 사람의 마음을 열려면 소통이 중요하다. 소통은 말을 통한 교감이다. 그는 후회를 하고 있었다. 그때 창수와 함께 스피치 교육을 받았다면 자신의 인생이 지금 많이 달라졌을 거라며 보험왕이 된 창수가 너무 부럽고 질투도 난다고 했다. 자신보다 스피치 실력이 월등히 낮았던 친구가 보험왕이 되었으니 그럴 만도 하다. 나를 다시 찾아 온 다음 날부터 민철은 수업을 듣기 시작했다.

나는 늘 교육생들에게 가식적인 달변가보다 진심 어린 눌변가가 낫다고 말한다. 백 마디의 번지르르한 말을 해서 사람의 마음을 얻지 못하는 것보다 조금은 서툴더라도 진심을 담아서 말하는 것이 마음을 얻을 수 있다. 하지만 가장 좋은 것은 진심 어린 달변가가 되는 것이다.

얼마 전 OO일보에서 직원 채용 공고가 올라왔다. 두 명을 뽑는 채용에 200명이 넘게 지원한 가운데, 우리 학원에서 면접 스피치 교육을 받은 친구가 100 대 1의 경쟁률을 뚫고 그 두 명 중 한 명이 되었다.

합격한 친구는 자신이 어떻게 합격할 수 있었는지 합격하고도 믿지 못하겠다고 말했다. 이 친구는 평소 자신이 말을 잘한다고 생각을 했고 돈을 지불하면서까지 스피치 교육을 받는 건 아니라는 생각을 했다고 한다. 하지만 첫 시간 교육을 받고 난 후 자신이 말을 잘한다는 건 착각이었으며 스피치 학원에서 면접 준비를 안 했으면 큰일 날 뻔했다고 말했다. 그 친구는 진정성 있게 면접을 잘 준비하여 합격할 수 있었다. 나 또한 다수의 오디션과 공채 시험에서 항상 좋은 결과를 얻었다. 진정성 있게 면접에 임했기 때문에 늘 좋은 결과가 있었던 것 같다.

나는 교육생들에게 늘 진정성에 대해 말한다. 탤런트, 영화배우, 가수 등 방송을 통해 시청자들과 만나려면 오디션은 필수다. 스타들도 오디션을 본다. 유명 기획사에 속한 유명한 배우들도 새로운 작품에 들어가려면 오디션을 봐야 한다. 나도 그랬다. SBS 공채 개그맨, 아나운서, 기상 캐스터, 리포터, 쇼호스트, MC 모두 다 공채 시험과 오디션의 연속이었다.

합격 후 나를 캐스팅하거나 합격시킨 국장님과 피디님께 내가 합격한 이유를 물어보면 모두 다 비슷한 말씀을 해 주셨다. 척을 하지 않는 진정성 있는 모습이 마음을 움직였다고 말이다. 또 편안한 이미지로 편안한 인상과 쾌활한 성격을 보여 주었기 때문에 합격률이 높았던 것 같기도 하다.

오디션장에는 하늘거리는 몸매와 인형처럼 예쁜 사람들이 너무나 많았다. 그들과 나를 비교했던 적도 있다. 그들의 눈은 내 눈의 3배 크기, 콧대는 하늘을 찌를 듯이 높았다. 오디션을 보기 위해 대기실에 있을 때도 나보다 훨씬 예쁘고 늘씬한 사람들을 보며 저 사람이 합격하겠구나 라고 생각했지만, 막상 외모로만 승부가 나진 않았다. 나는 절대로 척을 하지 않았다. 기상 캐스터 시험을 볼 때는 모창과 함께 나만의 매력을 살려 재미있게 날씨 예보를 하였고 SBS 공채 개그맨 시험을 볼 때는 너무 과하지 않을 정도의 자연스러운 위트를 선보이며 시험을 보았다. 척하지 않는 편안한 모습으로 나는 오디션에서 늘 좋은 점수를 얻고 합격할 수 있었다.

이금희와 오프라 윈프리의 공통점

진정성 있는 스피치는 사람을 끌어당긴다. KBS 전 아나운서 이금희도 진정성 있는 스피커 중의 하나이다. 한 프로그램을 18년 동안 진행한 그녀의 비결은 진정성이다. 그녀의 스피치에는 사람을 끌어당기는 힘이 있다. 그녀의 음성에는 진심이 묻어있고 친절하다. 미국의 방송인 오프라 윈프리와 공통된 면이 많다. 오프라 윈프리 또한 자신이 진행하는 토크쇼에서 진정성 있게 말한다.

오프라 윈프리Oprah Winfrey는 진정성 있는 스피치의 대명사로 꼽힌다. 개인의 경험과 감정을 솔직하게 표현하고 자신의 신념과 가치를 명확히 표현한다. 이금희 아나운서와 오프라 윈프리, 그녀들은 말 한마디에 마음을 다해 진심으로 진짜 스피치를 한다. 타인을 배려하며 스피치를 한다. 절대 척을 하지 않는다. 그녀들의 말에는 따스함이 묻어 있다.

이금희는 상대방과 소통을 잘한다. 게스트가 나오면 그 사람의 마음을 참 잘 헤아린다. 게스트와 대화를 하면서 그녀는 상대방의 이야기에 늘 귀 기울인다. 사람들은 상대방이 마음을 알아주길 바라는데 상대가 알아주지 않을 때 외롭다. 나의 이야기를 함으로써 들어주길 원하고 함께 해 주길 바라는 것이 사람의 마음이다.

이금희는 공감하고 이해받길 원하는 상대방을 진심으로 대한다. 우리가 친구나 타인에게 본인의 아픔과 힘든 점을 말하는 것은 결코 해결책을 원해서가 아니다. 회사에서 힘들었던 업무, 남편이나 아내와의 다툼, 친구와의 의견 마찰 등을 이야기하는 시간에 우리는 누군가 나의 이야기를 들어 주고 있구나 하는 편안함을 느낀다. 이금희는 진심으로 말하고 진심으로 듣는 스피커Speaker이다. 진심이 담겨 있는 스피치가 진짜 스피치인 것이다.

진심이 가장 중요하다. 세상을 좀 더 적극적으로 살아가고 타인과 소통을 잘하고 싶다면 진심으로 진짜 스피치를 해야 한다. 다음은 오프라 윈프리의 십계명을 스피치에 맞추어 재해석해 보았다.

오프라 윈프리 10계명

1. 남들의 호감을 얻으려 애쓰지 말라.
다른 사람들을 의식하고 신경 쓰는 사람들이 꽤 많이 있다. 이럴 경우 거짓을 말하기 쉽다.
호감을 얻으려 있지도 않은 말을 만들어서 하거나 눈치를 보면서 스피치를 하지 말자.

2. 앞으로 나아가기 위해 외적인 것에만 의존하지 말라.
이금희 아나운서와 오프라 윈프리의 공통점은 외적인 부분에 신경 쓰기보다는 깊이 있게 마음을 울리는 스피치를 한다는 것이다. 물론 외적으로 본인을 관리하고 노력하는 모습은 좋지만 지나치게 외적인 부분에만 몰두하고 다른 부분을 신경 쓰지 않는 것은 바람직하지 않다.

3. 일과 삶이 최대한 조화를 이루도록 하라.
스피치 수업을 듣는 교육생들 중에는 하는 업무가 힘들고 적성에 맞지 않아서 행복하지 않다고 하는 이들이 종종 있다. 일은 왜 하는 것일까? 즐거운 삶을 위해서이다. 조화롭게 살고 싶어서이다. 일과 삶이 조화를 이루어야 마음도 얼굴도 편안해진다.

4. 주변에 험담하는 사람들을 멀리하라.
사람 사이에 전염성은 쉽게 생겨난다. 좋은 사람들이 곁에 있으면 나도 좋은 사람이 되고 나쁜 사람들이 곁에 있으면 나도 나쁜 사람이 된다. 주변에 험담하는 사람들이 있다면 멀리하라.

5. 다른 사람들에게 친절하라.
친절함을 싫어하는 사람은 없다. 내가 상대방에게 먼저 친절을 베풀고 미소 지어 보이며 스피치를 하면 상대방도 나에게 배로 답한다.

6. 중독된 것을 끊어라.
게임이든 사람이든 술이든 무엇이든지 중독은 좋지 않다. 중독된 것을 끊고 새로운 마음가짐으로 스피치를 하는 것이 좋다.

7. 당신과 버금가는 혹은 당신보다 나은 사람들로 주위를 채워라.
배울 점이 많은 사람들과 함께 어울리는 것이 좋다. 스피치 멘토를 정해 그와 닮도록 노력하거나 나의 삶을 좋은 사람들로 채워라. 좋은 사람들과의 좋은 대화는 삶의 질을 향상하는 데 도움이 된다.

8. 돈 때문에 하는 일이 아니라면 돈 생각은 아예 잊어라.

생계를 위해 어쩔 수 없이 스피치를 배워야 하는 상황인가? 그보다는 자기 계발을 염두해 두고 스피치를 배운다면 실력이 더 빨리 향상될 것이다. 의사전달과 소통에 중점을 두고 스피치를 하자.

9. 당신의 권한을 다른 사람에게 넘겨주지 마라.

본인의 권한을 결코 다른 사람에게 넘겨주지 마라. 내 의견을 소신껏 말해야 한다.
눈치 보지 말고 나의 의견을 잘 말해 보자.

10. 포기하지 말라.

무슨 일이든 포기하지 말기 바란다. 특히 스피치는 더욱 포기하지 말아라.
스피치는 우리가 살아 있는 동안 계속해야 한다. 이 책을 읽는 모든 사람들은 절대 스피치를 포기하지 말고 노력해서 스피치 실력을 향상시키길 바란다.

진정성 있게 말하기

1. 자신의 보이스 톤을 찾자.

2. 반복적으로 스피치를 해 보자.

3. 이금희와 오프라 윈프리의 스피치를 모니터해 보자.

2. 스토리텔링이 있는 스피치는 지루하지 않다

스토리텔링 메시지 전달법

스피치에서 스토리텔링은 매우 중요하다. 국공립 어린이집 원장 면접을 앞둔 민정 님은 벌써 7번째 도전이었다. 서류는 합격하는데 면접을 볼 때마다 매번 떨어지던 그녀는 유튜브 채널 '신유아의 U 스피치' 영상에 올라온 국공립 어린이집 원장 면접 관련 내용을 보고 연락을 주었다. 스피치 교육을 받고 싶다고 말하는 목소리는 굉장히 다급했다.

그녀는 가정 어린이집을 10년째 운영중이었다. 보통 국공립 어린이집 원장에 도전하는 분들은 가정 어린이집이나 민간 어린이집을 운영하는 원장님들이 많다. 가정이나 민간 어린이집을 운영하는 원장님들의 최종 꿈은 하나같이 국공립 어린이집 원장이 되는 것이다. 국공립 어린이집 원장이 되면 나라에서 재정적인 지원을 받으며 어린이집을 운영할 수 있기 때문이다.

민정 님은 학부모와 아이들을 대상으로 하는 스피치는 자신이 있지만 면접관 앞에만 서면 말이 잘 나오지 않는다고 했다. 7번이나 면접을 봤지만 면접관 앞에만 서면 너무 떨린다며 말이다.

면접에 합격하기 위해서는 스피치 면역력을 갖추어야 한다. 스피치 면역력을 키우기 위해서는 다양한 상황에서 다양한 사람들을 만나 여러 주제에 대해 이야기를 해 봐야 한다. 어린이집 원장의 경우 업무와 일상이 매일 거의 똑같이 반복되다 보니 주도적으로 생각하고 말하는 시간이 드물다. 스피치 면역력을 길러야 면접에 성공할 수 있다.

보통 국공립 어린이집 원장 면접은 프레젠테이션과 질의응답으로 진행된다. 그녀는 질의응답이 더 두렵다고 말했다. 예상하지 않았던 질문이 나오면 어떤 말부터 해야 할지 모르겠다고 했다. 2주 후가 면접일이기에, 단기간에 빠르게 핵심만 배울 수 있는 일대일 코칭을 받고 싶다고 말했다. 현재 가정 어린이집 원장으로 일하면서 평일에는 대학원에 가야 하고 주말에는 집안 살림도 해야 해서 너무 바쁘지만, 이번에는 열심히 준비해서 꼭 합격하고 싶다고 말했다.

그녀와의 수업은 면접을 2주 남겨두고 시작되었다. 어린이집을 운영하는 원장님이기 때문에 원 일정이 모두 끝난 평일 저녁에 교육을 시작해, 매일 총 열 번의 수업을 진행했다.

첫 시간은 발성과 발음을 점검하고 두 번째 시간부터 그녀가 준비한 이력서와 자기소개서, 운영계획서를 바탕으로 질의응답 시간을 가졌다. 국공립 어린이집 원장 면접은 지역마다 면접 방식이 조금씩 다르다. 보통 소견 발표 혹은 프레젠테이션 발표를 수행하며 질의응답은 공통적으로 진행된다.

지역마다 면접관이 물어보는 질문도 다르다. 지역마다 선호하는 질문이 있다. 그녀가 거주하는 지역에서 자주 나왔던 질문들을 바탕으로 질의응답을 준비했고 프레젠테이션 방법도 자세히 안내했다. 그녀는 걱정대로 질의응답이 굉장히 취약했다.

"자기소개 해 보세요."
"저는 진취적이고 욕심이 많은 사람입니다."

"지원 동기를 말해 보세요."
"저는 아동 보육을 전공했습니다. 전공을 살려 어린이집 교사가 되었고 아이들을 사랑하는 마음으로 가정 어린이집을 운영하고 있습니다. 아이들을 사랑해서 지원하게 되었습니다."

"장단점을 말해 보세요."
"장점은 사람을 좋아하는 것입니다. 단점은 물건을 잘 버리지 못하는 겁니다."

민정 님의 답변에서 그동안 7번의 면접에서 떨어졌던 이유를 찾을 수 있었다. 스토리텔링이 없는 답변을 하면 면접을 아무리 많이 보아도 번번이 실패할 수밖에 없다. 단답형으로 대답을 했기 때문이다. 단답형의 답변은 바람직하지 않다. 설득할 수 없다.

　면접에서는 절대로 단답형으로 답변을 하면 안 된다. 성의 없어 보이고 답변을 깊이 있게 생각하지 않은 인상을 준다. 또한 열정이 없다거나, 자질이나 전문성이 부족하다는 오해를 받을 수도 있다. 면접관의 기억에 남아야 합격할 수 있는데 눈도장을 찍지 못하니, 득보다는 실이 더 크다.

　단답형의 답변에는 스토리텔링이 들어가 있지 않다. 스토리텔링은 '이야기하다'라는 의미이다. 면접에 합격하기 위해서는 생생하게 이야기를 전달해야 한다. 스피치에는 반드시 스토리텔링이 들어가야 한다. 스토리텔링이 없는 스피치는 살아있는 스피치라고 할 수 없다. 본인의 스토리, 즉, 이야기를 담아 내야 한다. 단, 스토리텔링을 할 때 거짓말은 하면 안 된다. 사실을 전달하되 진실된 이야기를 담아 내는 것이다.

　앞서 말했지만 스피치의 기본은 **진정성**이다. **면접에 합격하기 위해 사실도 아닌 일을 사실인 것처럼 꾸미는 것은 바람직하지 않다.** 면접관들은 사실이 아닌 거짓된 답변을 금방 알아차린다. 거짓인 걸 안다. 면접관들은 지원자들의 등장, 걸음걸이만으로도 어떻게 대답을 할지 어느 정도 예측할 수 있다고 한다. 적게는 수십 명에서부터 많게는 몇천 명까지 면접을 보고 사람을 뽑는 사람들이기 때문이다.

　우리 주위를 보면 타인에게 주목받기 위해 거짓말을 하고 과장하는 사람들도 있다. 정말 좋지 않은 스피치 자세이다. 위의 세 가지 질문에 스토리텔링을 넣어 답변을 해 보겠다.

자기소개

"저는 진취적이며 욕심이 많은 사람입니다. 무슨 일을 할 때 늘 주저하지 않고 도전하는 사람입니다. 제가 국공립 어린이집 원장이 된다면 이러한 마인드가 원을 운영하는 데 많은 도움이 될 수 있으리라 생각합니다. 저는 대학에서 아동 보육을 전공하였습니다. 보육에 대한 관심이 굉장히 많아 대학 졸업 후 어린이집 교사로 근무하였고 10년간 가정 어린이집을 운영하고 있습니다."

지원 동기

"저는 아동 보육을 전공했습니다. 전공을 살려 어린이집 교사가 되었고 아이들을 사랑하는 마음으로 가정 어린이집 운영도 하고 있습니다. 제가 국공립 어린이집 원장에 지원하는 이유는 제가 너무나 사랑하는 아이들과 오래도록 함께하고 싶기 때문입니다. 요즘은 직장인 어머님들이 많은데 집에서는 아이들을 보살피기가 쉽지 않습니다. 제가 원장이 된다면 야간 보육 시간 연장을 적극 활용하여 퇴근이 늦은 학부모님을 대신해 장시간 어린이집에서 아이들을 사랑으로 보육하고 싶습니다. 아이들에게는 오랜 시간을 보내는 어린이집에서의 생활이 무척 중요합니다. 저는 아이들을 사랑하는 마음으로 누구보다 원을 잘 운영할 수 있기에 지원하게 되었습니다."

장단점

"제 단점은 물건을 잘 버리지 못한다는 것입니다. 물건에 대한 소유욕이 강해 잘 버리지 못하는데요. 물건에 제 추억이 깃들어 더 버리지 못하는 것 같기도 합니다. 정이 많은 편이라 더 그러는 것 같습니다. 버려야 채워진다는 말이 있는데 올해부터는 버릴 건 버릴 수 있는 사람이 되도록 노력해 보려 합니다. 제 장점은 사람을 좋아하는 것입니다. 그래서 제 주위에는 사람이 늘 많습니다. 사람에게 최고의 재산은 돈도 명예도 아닌 사람이라고 생각합니다. 늘 제 편이 되어 주는 사람들이 곁에 있어 저는 참 행복합니다. 그리고 저는 사람을 굉장히 편안하게 잘 대해 줍니다. 제가 만약 국공립 어린이집 원장이 된다면 저의 편안함으로 교사, 학부모, 아이들에게 늘 곁에서 함께할 수 있는 원장이 되겠습니다."

어떤가? 민정 님이 말한 내용에 스토리텔링을 입힌 것이다. 단답형 답변에 생각의 꼬리를 물고 물어 스토리가 생긴다. 스토리텔링 하나 없던 답변이 스토리텔링 있는 답변으로 만들어졌다.

스토리텔링은 금방 나오지 않는다. 스스로에게 묻고 또 물어야 한다. 한 번만 생각하고 생각나지 않는다며 그 답변을 피하고 외면해서는 절대 안 된다.

면접 스피치를 받는 교육생들에게 면접에서 나올 만한 질문을 물어보면 1분도 생각하지 않은 채 모른다, 어렵다, 생각이 안 난다, 라고 말을 하는 경우가 많다. 생각을 깊게 해야 질문에 깊이 있게 대답할 수 있다.

면접자들이 유념해야 할 것이 있다. '장단점을 묻는 질문'과 '본인의 성격'에 대한 질문은 다른 개념이다. '성격'을 묻는 질문에는 굳이 단점까지 말할 필요 없다. 긍정적인 부분만 잘 말하면 된다. 한마디로 자기를 PR하고 자랑하면 된다.

하지만, 장단점을 묻는 질문에는 반드시 장단점을 모두 함께 말해야 한다. 단점을 먼저 말하고 마지막에 장점을 말하도록 하자. 인간은 본래 마지막에 말한 내용을 더 오랫동안 기억하기 때문이다.

'최신효과' 이론이 있다. 사람이 어떤 정보를 순서대로 접했을 때, 가장 마지막에 들은 정보를 더 잘 기억하거나 더 중요하게 여기는 현상을 말한다. 예를 들면 면접에서 여러 명이 발표할 때 마지막 발표자가 더 기억에 남는다거나 쇼핑몰 추천 상품 중 마지막에 본 상품이 더 기억에 남아서 구매 가능성이 높다는 것이다.

예전에 MBC에서 가수들이 제비뽑기로 순서를 정해 노래 경연을 하는 프로그램이 있었다. 대부분의 가수들은 앞 순서를 피했다. 마지막에 하는 사람일수록 기억에 오랫동안 남고 좋은 득표수를 받을 확률이 높기 때문이다. 그러니 장단점을 묻는 답변에는 단점을 먼저 이야기하고 장점을 마지막에 말하도록 하자.

이 때 유의할 점이 있다. 단점만을 그대로 전달해서는 안 된다. 이 단점을 극복하여 더 좋은 사람이 되겠다는 식으로 답변을 끌고 가거나 단점을 장점화해야 한다. 장단점에 대해 묻는 질문이 나온다면 **단점-단점의 장점화-장점**이라는 형식으로 답변을 전개하라. 장점에 대한 답변을 할 때 본인이 그 직업군의 적임자라는 것도 살며시 넣어 답해 주면 훨씬 더 좋다.

스토리텔링이 있는 스피치와 스토리텔링이 없는 스피치는 이렇게 큰 차이가 있다. 스토리텔링을 잘하는 스피커는 훌륭한 스피커가 될 수 있다. 스토리텔링을 잘하기 위해서는 다양성이 매우 중요하다. 다양한 경험을 직간접적으로 많이 할수록 스토리텔링의 소재가 많아진다. 스토리텔링을 잘하기 위해서는 많은 경험을 하는 게 좋다.

처음부터 스토리텔링을 잘하는 사람은 없다. 경험에서 나온다. 사람에게 경험이라는 것은 정말 큰 재산이다.

철학자 발타자르 그라시안은 '경험도 없는 사람에게는 중요한 일을 맡기지 마라.'라고 말했다. 그 무엇도 경험과는 바꿀 수가 없다. 나도 처음 방송을 시작했을 때와 경험을 많이 쌓고 방송을 할 때 많은 차이가 있었다.

나는 태어나서 난생처음 하는 방송이 생방송이었다. 생방송은 녹화를 할 수 없기 때문에 실수를 하면 안 된다. 첫 생방송을 할 때는 카메라의 어디를 봐야 할지도 몰랐고 아는 것도 없었다. 하지만 방송을 하면 할수록 노하우가 생기고 경험이 쌓이면서 잘할 수 있었다.

인간은 경험으로 산다. 내가 느끼고 알고 경험하다 보면 세상을 알 수 있고 나 자신도 알 수 있다. 많은 경험은 스피치를 하는데 다양한 소재로도 활용할 수 있다. 사람의 매력은 타인과 다른 삶을 사는 스토리라고 나는 생각한다.

리포터 활동을 할 당시 가수 A 씨를 인터뷰한 적이 있다. 그는 항상 답변을 짧게 했다. 그렇다 보니 시청자들에게 내용을 전달해야 하는데 모든 답변이 짧아서 쓸 수 있는 내용이 없었다.

"이번 음반은 어떤 내용이에요?"
"사랑 이야기요."
"어떤 사랑 이야기인가요?"
"남녀의 사랑 이야기요."
"남녀의 사랑 이야기 중 어떤 부분에 초점을 두고 이번 음반을 제작하셨나요?"
"이별 이야기입니다."

이렇듯 단답형 답변은 대화가 이어지지 않는다. 스토리텔링이 들어가면 한 번에 상대방이 이해하기 쉽게 전달할 수 있다. 예를 들면, "이번 음반 주제는 사랑 이야기입니다. 사랑 중에서도 남녀의 사랑 이야기인데 그 중 이별에 관한 내용이지요. 제가 이번 주제를 이별로 잡은 이유는요…."와 같이 말을 하면 내용이 잘 전달된다. 그러면 인터뷰를 진행하는 리포터도 더 다양하게 질문을 할 수 있다.

스토리텔링을 꼭 넣어서 말하자. 많은 경험을 할 수 없다면 독서를 통해 경험을 하면 된다. 부족한 소재는 인터넷 기사나 독서를 통해 넓힐 수 있다. 세상에 있는 모든 것들을 온전히 경험할 수는 없다.

간접경험으로 독서는 많은 도움이 된다. 사람들은 음식만 편식하는 게 아니다. 독서도 편식하는 경우가 굉장히 많다. 내가 좋아하는 분야만 읽는 경우가 많은데 스토리텔링을 잘하려면 다양한 분야의 책을 읽는 것이 좋다. 아는 만큼 보이고 아는 만큼 말할 수 있다.

 소설이나 에세이는 우리의 삶과 연관되어 있기 때문에 읽으면 공감 능력이 생긴다. 자기 계발서는 자신을 더 성장하게 돕는다.
 나는 서점을 참 좋아하고 시간이 될 때마다 자주 간다. 도서관에서 책을 빌려볼 수도 있지만 나는 되도록 책을 직접 구입해서 읽는다. 개인적으로 책을 온전히 나의 것으로 만들기 위해서는 구입해서 읽어야 한다고 생각한다. 나는 책을 읽을 때 한 번은 속독으로 두 번째는 통독으로 세 번째는 밑줄을 그으며 정독한다. 책에 있는 내용을 온전히 내 것으로 만들기 위해서다.
 교육생들이 공통적으로 자주 하는 질문 중 하나가 원래부터 말을 잘했냐는 질문이다. 그렇다. 나는 어릴 때부터 말을 잘하고 좋아했다. 나는 독서의 힘이 컸다고 생각한다. 어릴 때부터 책 읽기를 정말 좋아했다. 독서를 통해 알게 된 많은 지식을 활용할 수 있으니 말을 잘할 확률이 높지 않겠는가? 물론 책을 많이 읽는 사람들이 말을 다 잘하는 것은 아니다. 하지만, 말을 잘하는 사람들은 책을 많이 읽을 확률이 높다. 스토리텔링을 잘하려면 다양한 경험이 중요하다. 경험이 힘들다면 책을 통해 경험을 만들자.

스토리텔링 잘하는 방법

1. 스피치 면역력을 키우자.

2. 다양한 경험을 하자.

3. 독서를 통해 많은 정보를 습득하자.

3. 대상에 따라 다르게 말하는 센스가 있어야 한다

센스 있는 한마디

스피치의 대상은 다양하다. 나보다 나이가 많은 사람, 나보다 나이가 어린 사람, 나와 나이가 같거나 비슷한 사람, 처음 만난 사람, 오랜 기간 함께 알고 지낸 사람 등 다양한 대상을 만나 스피치를 한다. 많은 사람이 착각하는 것 중 하나가 말은 슬플 때, 기쁠 때, 좋을 때, 아플 때 등 기분과 상황에 따라서만 다르게 하는 것으로 알고 있다는 것이다. 거기에 더해 좋은 스피치는 대상에 따라 센스 있게 스피치를 해야 한다.

여의도 증권사 애널리스트로 근무하고 있는 태영. 친구들은 그를 개그맨이라고 부르며 재미있는 사람으로 알고 있다. 반면 회사에서의 그의 이미지는 다르다. 상사에게 업무 보고를 하거나 업무상 만나는 사람들에게는 말을 어떻게 해야 할지 몰라 늘 긴장을 하고 있다.

회사에서는 평상시 자신의 모습과는 다르게 말하기 전부터 머릿속에서 많은 생각을 하게 된다고 했다. 업무 보고를 할 때면 상무님께서 좋아하실지 싫어하실지부터 생각하게 된다고 했다. 순서가 바뀐 것이다. 보고가 우선이고 윗사람의 평가는 후인데, 윗사람의 평가가 좋기만을 바라니 내용은 항상 뒷전이다.

회의 시간에는 늘 머리가 하얘진다. 이 글을 읽는 독자 중에도 이러한 경험이 있는 사람이 꽤 있을 것이다. 이런 상황에서는 다른 사람의 생각을 읽으려 하지 말고 본인이 준비한 자료와 내용에 충실한 게 정답이다. 당신이 상사에게 잘 보이고 인정받으려고 안간힘을 쓰면 쓸수록 상사는 금방 알아차린다. 당신은 준비한 내용에 충실하게 프레젠테이션을 시작하면 된다. 최선을 다하고 결과에 승복하면 된다.

태영은 친구들 사이에서 유쾌하고 인기가 많다. 친구들과 대화를 할 때에는 '친구들이 안 웃으면 어떡하지?'라는 불안이 없다. 하지만 회사에서는 불안감이 그를 에워 감싼다. 업무이기 때문에 욕심을 부려 인정받고 싶고 잘 보이고 싶기 때문이다.

욕심이 많고 자존심이 센 사람들일수록 윗사람과의 관계를 많이 힘들어한다. 다른 사람의 머릿속까지 알려고 하지 말라. 당신의 스피치를 하면 된다. 너무 어려워하지 말자. 회사원들은 보통 자기보다 직급이 높거나 나이가 많은 상사 앞에서 어려워하는 편이다. 잘 보이려 하기 때문에 스피치가 어려운 것이다. 그들 앞에서는 평가받는 기분이 든다고 말한다.

사람은 누구나 평가받는다는 느낌이 들면 불안하고 불편해져서 떨림을 느낀다. 불안에 떠는 상태로는 성공적으로 스피치를 할 수 없다.

KBS 리포터로 활동할 당시 방송국 복도에서 국장님을 뵌 적이 있다. 다들 국장님을 어려워하는 반면 나는 국장님을 뵈면 안부 인사도 물으며 불편해하지 않고 대화를 잘 이어 나갔다. 작가님과 피디님들은 국장님이 어렵지 않냐며 편하게 대화하는 나를 신기하게 쳐다봤다. 대학 시절에도 그랬다. 교수님들과 나는 참 잘 지냈다.

다른 친구들은 교수님이 불편하다고 했다. 이유를 물어보니 자신에게 학점을 주고 평가를 하는 분이니 어렵기도 하고 대화를 하다 실수할 것 같아 조심스럽다고 했다. 교수님과 대화를 하다 실수하면 학점에 큰 영향을 줄 것 같다며, 친구들은 교수님을 학점을 주는 갑, 자기를 학점을 받는 을이라는 생각을 하고 있었다.

연장자와의 대화에 부담을 갖고 어려워하기 때문에 그들과의 소통이 힘들고 불편한 것이다. 어려워하거나 두려워할 필요 없다. 그들은 우리를 해치지 않는다. 똑같은 사람이며 우리보다 인생을 앞서 살아온 인생 선배이기에 경험이 좀 더 많은 것뿐이다. 연장자와의 대화를 두려워하지 말라. 불편해하지 말라.

연장자들과의 대화가 불편하다면 그들이 좋아하는 주제로 대화를 해 보자. 운동을 좋아하는 분들은 골프, 낚시 등의 주제로 대화를 이어갈 수 있고 와인을 좋아하는 분, 독서를 좋아하는 분 등 개인의 취미 생활이나 선호하는 것들이 있기 때문에 평소 잘 살펴보았다가 좋아할 만한 주제로 대화를 하면 좋다.

처음 만나는 연장자들의 경우는 아이스 브레이킹(본격적인 내용을 말하기 전에 자연스러운 분위기를 위해 시작하는 말)이 중요하다. 당신이 그들을 어려워하면 그들도 당신을 어려워한다. 아이스 브레이킹은 짧고 단순하게 하는 게 좋다. 너무 길지 않게 하는 게 중요하며 상황과 분위기에 맞는 주제를 선택해야 한다. 공감될 만한 일상과 관련된 주제를 선택하면 더욱 좋다. 최근 본 영화나 드라마, 그리고 사람이라면 누구나 관심 있을 의식주를 주제로 하면 거부감 없이 아이스 브레이킹을 할 수 있다.

공감의 스피치

소진은 자신보다 나이가 어린 사람들과의 소통을 힘들어한다. 그녀는 삼 남매 막내딸이다. 30대 중반의 그녀는 어릴 때부터 집에서 귀여움을 독차지했다. 성인이 된 후에는 어릴 적 귀여움을 독차지했던 것이 오히려 독이 되었다. 나이에 비해 어린 말투와 어린 행동이 몸에 배어 있었다. 성인이 된 후 사람들이 자신을 너무 편하게만 봐서 싫다고 했다. 카리스마 있는 사람이 되고 싶은데 그런 이미지가 아니라 고민이라고 말했다.

대학 시절 그녀의 별명은 '물'이었다. 물 흐르듯이 소신 없이 다 맞춰 주는 사람이라는 의미였다. 물에 물 탄 듯 술에 술 탄 듯한 성격이다. 그녀는 거절도 잘하지 못한다. 적도 없고 아주 친한 친구도 없다. 과연 이런 것이 좋은 것일까? 어른들은 자신을 예뻐하는데 자기보다 어린 친구들이나 후배들은 자기를 싫어하는 느낌을 자주 받는다고 말했다.

그녀의 이야기를 듣고 보니 그녀에게는 사람을 대할 때 문제점이 있었다. 그녀는 어디서나 늘 챙김을 받기를 원했다. 사람들이 자신을 늘 챙겨 줄 거라는 생각을 항상 하고 있었다. 나이 어린 사람들에게는 거부감이 들었을 것이다. 연장자들은 그녀가 어리기 때문에 귀엽게 보듬어 줄 수 있지만 그녀보다 나이가 어린 후배들은 그녀의 어리광을 받아주지 않는 것이다.

그녀는 가식은 싫다며 솔직한 자기 모습이 좋다고 말했다. 소진은 자신이 어른들에게 귀여움을 받는 만큼 어린 사람들을 귀엽게 보듬어 주어야 하는 것을 모른다.

게다가 그녀의 얼굴은 늘 무표정이었다. **타인을 배려하는 공감의 스피치와 얼굴 근육을 사용해 자연스럽게 스피치를 하는 훈련이 필요했다.** 또 그녀의 고민을 해결하기 위해 카리스마 있게 말하는 훈련도 진행했다.

배려하며 공감하는 스피치를 하려면 챙김만 받으려는 게 아니라 상대방의 입장과 감정을 존중하면서 스피치를 해야 한다. 상대가 이해받고 존중받고 있다는 감정을 느끼게 해 줘야 한다.

밝은 표정으로 미소를 지으며 스피치를 하면 상냥한 음성이 된다. 같은 말을 해도 입꼬리를 올리고 말하는 것과 입꼬리를 내리고 말하는 것은 느낌이 다르다. 배우들이 연기할 때의 표정을 보면 금방 알 수 있다. 상대 배우에게 "사랑해."라는 대사를 할 때 화내는 장면에서 하는 대사와 사랑하는 마음으로 하는 대사의 느낌이 다르지 않은가? 표정과 함께 스피치를 하면 스피치를 더 잘 살릴 수 있다.

소진과의 수업에서는 미소 짓기 훈련과 표정 짓기 훈련을 했다. 카리스마 있게 말하는 훈련도 했다.

미소 짓기 훈련은 김치, 위스키, 개구리 등 'ㅡ'와 'ㅣ'에 해당하는 발음을 하면서 입꼬리를 올리는 훈련이다. 표정 짓기 훈련은 광대를 양쪽 귀 끝까지 올린다는 생각으로 웃으며 스피치를 하는 것이다.

카리스마 훈련은 단계별로 소리를 높이는 훈련이다. "야! 야! 야!"를 큰 소리로 반복하며 외쳐본다. 처음의 '야'는 작은 소리로, 두 번째의 '야'는 처음보다는 조금 큰 소리로, 마지막 '야'는 가장 큰 소리로 외쳐 본다. 소리를 낼 때는 아랫배에 손을 대고 밀면서 말하면 말에 힘이 더 잘 생긴다.

이러한 훈련을 하면서 소진은 자신감도 생기고 말에 힘이 생겨 전달력도 좋아졌다. 카리스마 훈련을 할 때는 무조건 복식 호흡으로 해야 한다. 절대로 흉식 호흡으로 하면 안 된다. 목이 쉬어서 성대에 무리가 간다.

어린이들과의 스피치

어린이들은 칭찬받기를 매우 좋아한다. 어른들에 비해 칭찬에 민감하다. 칭찬은 많이 해 주는 것이 좋다. 또, 어린이들은 소리에도 민감한 편이니 목소리 톤을 상냥하게 살짝 올려 주면 좋다. 약간의 과장과 함께 소리를 '솔' 톤으로 높여 보자. 어린이 프로그램의 진행자들은 모두 톤이 높다. 어린이집 교사나 유치원 교사의 목소리 톤이 높은 이유가 이런 이유이다. 부모님들이 동화책을 읽어 줄 때 톤을 올려 읽어 주면 아이들이 더욱 좋아할 것이다. 아이들이 느끼기에 중저음의 톤은 자칫하면 무겁고 무서운 분위기로 느낄 수 있다.

아이들의 대화를 들어 줄 때는 적극적으로 경청해 주어라. 종종 자녀가 이야기를 하면 핸드폰을 보면서 대충 대답을 하거나 무심하게 듣는 경우가 있다. 이런 경우 아이들은 마음에 큰 상처를 받는다. 적극적으로 반응을 해 주어야 한다. 아이들에게 부모님은 신과 같은 존재이다. 부모의 작은 반응 하나하나가 아이의 자존감과 연결이 된다. 적극적으로 아이의 말을 경청해 주어야 한다.

또 아이들과 대화를 할 때는 질문을 많이 해 주는 것이 좋다. 아이들은 호기심 천국이다. 아이의 참여를 유도하면서 능동적으로 대화를 이어가야 한다. 질문을 함으로써 아이는 다시 한번 생각하게 되고 자신감 있게 스피치를 할 수 있다. 폐쇄형이 아닌 개방형으로 질문하면 아이들이 자유롭게 답변을 할 수 있다.

또래와의 스피치

비슷한 나이나 또래에게 스피치를 할 때는 연장자나 연하와 대화할 때보다 비교적 스피치 하기가 쉬운 편이다.

사람은 나와 비슷하거나 익숙한 공간에서 편안함을 느낀다. 나와 비슷한 나이대나 비슷한 성향인 사람들과 함께하면 편안함을 느낀다.

심리학에서는 본인이 편안하다고 느끼는 사람에게 매력을 느낀다고 한다. 딸은 아버지와 같은 사람에게 아들은 어머니와 같은 사람에게 무의식적으로 끌리는 경우가 많다는 것이다.

이처럼 말은 편안해야 잘 나온다. **편안함은 자연스러움을 말하기도 한다. 친한 친구와 대화할 때와 낯선 사람과 대화할 때는 확연한 차이가 난다. 나이가 같은 사람에게서는 동질감을 느끼기 때문에 다른 대상자보다는 마음이 편한 상황이 많다.**

낯선 자리에서 새로운 사람을 만난다면 먼저 편하게 인사를 건네보아라. 예를 들면 "안녕하세요. 신유아입니다. 저는 현재 U 스피치 대표원장으로 있습니다."라고 먼저 소개하면 상대는 "안녕하세요." 혹은 "안녕하세요. OOO입니다."라고 인사를 한다.

본인을 소개한 후 다음 질문으로 자연스럽게 넘어가는 게 좋다.

"저는 30살이에요. 그쪽은요?"와 같은 질문을 여성에게 묻는 건 좋지 않다. 여성에게 나이, 몸무게를 물어보는 건 실례가 될 수도 있다.

"저는 30살이에요. 저보다 어려 보이시네요?" 같은 상대방에 대한 칭찬이나 "저는 30살이에요. 근데 나이가 더 많아 보이죠, 하하하?"라고 유머 있게 대화를 시작한다면 상대방도 마음을 놓는다. "저는 OO살이에요."라고 직접 본인 소개가 이어질 수 있고 혹은 "제가 좀 더 많네요." "동갑이네요." "제가 좀 더 어려요."처럼 대화가 이어진다. 이렇게 본인 소개를 함으로써 부드럽게 대화가 이어질 수 있다.

이어서 자연스럽게 대화를 이어가 보는 것이다. 최근 화제가 되는 주제로 시작하면 좋다. 연말이면

"요즘 연말인데 연말 계획 있으세요?"

"요즘 개봉한 영화 1위 아세요? OOO이던데. 재밌는 것 같아요."

등 초면인 상대에게는 무거운 주제보다 가벼운 주제로 다가가 대화를 시작하는 편이 상대도 부담을 느끼지 않는다. 어려운 경제나 사회적 이슈를 이야기하면 오히려 분위기가 무거워진다.

주의할 점이 있다. 절대로 주제로 선정하면 안 되는 것이 두 가지 있는데 종교와 정치이다. 종교에 관해서는 다양한 의견이 있고 사람마다 생각하는 견해가 다르기 때문에 작은 주제로 시작해 의견 차이가 커져서 다툼이 생기는 경우가 많다. 정치 또한 마찬가지다. 아무리 친한 친구라 해도 정치, 종교는 이야기 주제로 삼가자.

교육생이 본인의 경험담을 들려 주었다. 어릴 적부터 오랫동안 친하게 지낸 친구와 기분 좋게 맥주 한잔하던 중 크게 다투었다고 한다. 본인은 대수롭지 않게 정치에 대한 개인 의견을 말했는데 친구가 크게 화를 냈다는 것이다. 그 이후 둘은 더 이상 보지 않았다고 한다.

면접에서는 더 조심해야 한다. 순발력이 뛰어난 한 학생이 있었다. 그는 지원한 회사에 꼭 입사하고 싶은 마음에 면접관의 모습을 집중해서 보았다. 그의 눈에 가장 먼저 들어온 것은 면접관이 하고 있는 커다란 십자가 목걸이였다. 가장 행복할 때가 언제냐는 질문이 나오자, 그는 무교임에도 불구하고 면접관에게 잘 보이기 위해 교회에 가서 기도할 때가 가장 행복하다고 열변을 토했다. 이때 다른 종교에 대

해 부정적으로 말한다면 어떨까? 분명 좋은 점수를 얻기 힘들 것이다. 면접관이 십자가 목걸이를 하고 있다고 해서 꼭 교회에 다니지 않을 수도 있는 데다, 옆에 있는 다른 면접관은 다른 종교를 믿는 사람일 수도 있다.

틀린 게 아닌 다른 게 종교와 정치다. 정치와 종교는 민감한 주제라는 것을 명심해라.

이성간의 스피치

성별이 다른 이성과의 대화가 힘들다는 사람들도 있다. 26살 직장인 보영은 초등학교 동창회에 나갈 때마다 여자 친구들과는 편하게 대화를 주고받을 수 있는데 남자 친구들을 만나면 불편하다고 한다. 단순히 불편하고 대화가 잘 통하지 않는 것을 넘어서 자리를 뜨고 싶다고 했다. 여중, 여고, 여대를 졸업한 데다 형제 관계도 언니들만 있어서 남자들과 대화하는 게 너무 힘들다고 말했다. 불편한 상황을 만들기 싫어서 소개팅이 들어와도 늘 거절했고 그 결과, 지금까지 연애를 해 본 적이 없다며, 남자와 함께 있는 자리는 늘 어색하다고 말했다.

대화를 할 때 남자는 여자가, 여자는 남자가 불편하다는 분들이 있는데 이들은 머릿속에 남자와 여자는 너무 달라서 대화조차 힘들다는 선입견을 갖고 있다는 공통점이 있다. 사실이다. 남자와 여자는 다르다. 모습도 생각도 다르다.

하지만 남자와 여자 모두 사람이다. 인간이다. 똑같다고 생각하면 마음이 한결 편해질 것이다. 사람은 모두 감정이 있다. 공감을 좋아하고 편한 사람을 좋아한다. **이성과의 대화가 힘들다면 이성과의 자리를 무조건적으로 피하지 말라. 계속 피하다 보면 더 어려워진다. 피하지 말고 오히려 다가가서 함께 해 보아라. 모임도 좋고 친구들과의 자리도 좋다. 피하지 않아야 한다.**

모임을 추천한다. 좋아하는 관심사가 있는 경우 공통의 관심사를 가진 모임에 참석해 보아라. 이성과의 스피치가 어렵다면 피하지 말고 부딪쳐라. 이성을 만나 대화를 잘하고 싶다면 그 사람이 나를 어떻게 평가할지에 대한 긴장감을 버리자. 꼭 무슨 말을 당장 해야 하는 건 아니니 공백의 시간을 두려워 하지 말라. 당신이 말을 하기 힘들다면 상대가 말을 할 때 잘 들어 주면 된다. 실수할까 봐 너무 조심하다 보면 오히려 더 어색해진다. 이성을 나와 다른 특별한 존재로 인식을 하게 되면 더 어색해져 자신의 모습을 제대로 보여줄 수 없고 말을 더 못할 수 있다.

대상에 따라 센스 있게 말하는 방법

1. 나보다 나이가 많은 사람에게 스피치를 할 때 :
   인정받으려고 안간힘 쓰지 말고 편하게 스피치 하자.

2. 나보다 나이가 어린 사람에게 스피치를 할 때 :
   공감 스피치로 얼굴 표정을 밝게 하며 스피치를 하자.

3. 나와 나이가 비슷한 사람에게 스피치를 할 때 :
   동질감을 형성하며 편안하고 자연스럽게 스피치를 하자.

4. 이성과 스피치를 할 때 :
   피하지 말고 그 자리를 즐기며 스피치를 한다.

4. 목소리가 좋으면 스피치는 덤이다

복식 호흡의 품격

우리 목에는 기도와 식도가 있다. 기도는 공기가 지나다니고, 식도는 음식물이 지나다닌다.

목 앞쪽에는 후두가 위치해 있다. 후두는 말하고 숨 쉬는데 중요한 역할을 한다. 후두 안에는 성대가 있다. 성대가 1초에 몇 번 떨리느냐에 따라 소리가 달라진다.

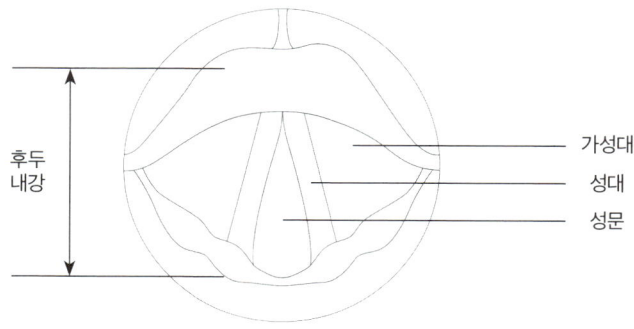

목소리는 사람마다 다 다르다. 손에 지문이 있는 것처럼 목소리에도 지문이 있다. 그것을 성문이라고 한다. 사람들은 몸에 대한 건강 관리는 잘하는 편이지만 목에 대한 관리는 소홀히 한다. 목 관리를 잘못하면 성대에 무리가 가서 목소리가 변해 버린다. 어린 시절 성대를 잘못 관리하면 변성기 때 이상한 목소리로 바뀌어 콤플렉스가 될 수도 있다.

어린 시절부터 보이스 훈련을 하면 성인이 되어도 편안하고 부드러운 목소리로 말을 할 수 있다. 복식 호흡으로 보이스 톤을 잡아 두면 스피치를 할 때 성대가 상하지도, 목이 잘 쉬지도 않는다. 사람마다 성격이 다르고 체형이 다르듯이 보이스 톤도 제각각 다르다. 사람들은 보이스 톤을 이미 태어날 때부터 정해져 평생 바꾸지 못하고 살아야만 하는 것으로 착각을 하고 있다. 마음에 들지 않는 보이스 톤인데도 체념하고 사는 사람들이 대부분이다. 하지만 보이스 톤은 노력에 따라 얼마든지 개선할 수 있다. 물론 중저음이 갑자기 고음으로 변하고 고음이 한순간에 중저음으로 바뀔 수는 없지만 꾸준한 노력으로 어느 정도 원하는 방향으로 변화는 가능하다.

승무원 지망생

단아하고 참한 데다 성격도 착한 은미. 그녀는 3년 정도 승무원 준비를 했다고 한다. 승무원이 되고자 하는 꿈을 포기할 수 없어 계속 승무원에 도전했지만 매번 면접에서 떨어졌다는 그녀는 승무원 면접 스터디도 많이 참여하고 승무원 학원에서 면접도 열심히 준비했지만 계속 들리는 소식은 불합격이었다. 열심히 준비해도 합격이 되지 않아 이번에는 스피치 학원을 다녀야겠다고 결심하고 학원에 찾아온 것이었다.

은미는 목소리가 굉장히 불안정했다. 목소리가 불안정하면 듣는 사람도 불편하다. 거기에 더해 허스키한 목소리를 갖고 있는 그녀는 말도 매우 빠르게 했다. 그녀에게서 절박함이 보였다. 이번이 마지막이라며 승무원이 꼭 되고 싶다는 그녀의 말투에는 간절함이 묻어 있었다. 하지만 보이스 톤이 불안정한 부분이 큰 단점이었다. 은미는 흉식 호흡으로 말하고 있었다. 복식 호흡으로 답변을 해야 면접관에게 신뢰감을 줄 수 있다.

승무원 학원을 꽤 다녔지만 비행시 필요한 서비스 행동 요령에 대한 것들을 위주로 배웠고 복식 호흡에 대한 교육은 체계적으로 받지 못했다고 말했다.

복식 호흡은 상대방에게 신뢰감을 줄 수 있는 데다 장시간 말을 해도 흉식 호흡으로 말을 할 때보다 목이 덜 아프고 잘 쉬지 않는다. 뮤지컬 배우나 성악가, 연극배우가 장시간 공연을 해도 목이 쉬지 않는 이유는 복식 호흡을 하기 때문이다. 스피치를 잘하려면 반드시 복식 호흡의 발성을 활용해야 한다는 것을 잊지 말아라.

복식 호흡 하는 방법

1. 한 손은 배 위에 한 손은 가슴 위에 올려 둔다.
2. 코로 숨을 깊게 들이마시면서 가슴은 뜨지 않게 배를 부풀린다.
3. 배를 부풀리고 난 후 호흡을 10초간 정지한다.
4. 15초간 숨을 깊게 뱉어낸다.

처음에는 들숨 10초-날숨 15초로 시작을 해서 꾸준히 훈련을 하다 보면 호흡량이 길어지는 것을 느낄 것이다. 이후에는 들숨 15초-날숨 20초, 들숨 20초-날숨 25초. 이런 식으로 점차 호흡량을 늘려가면 좋다.

중요한 것은 마시는 호흡(들숨) 보다 내뱉는 호흡(날숨)을 더 길게 해야 한다는 것이다.

복식 호흡으로 스피치를 하려고 노력하되 처음 에너지가 스피치를 마무리할 때까지 계속 유지되어야 한다. 처음에 조용하고 작은 목소리로 스피치를 시작하면 마무리도 그렇게 된다. 말을 할 때는 처음(도입부)에 힘 있게 전달하려고 노력해라. 훨씬 더 자신감 있게 상대에게 전달할 수 있다. 복식 호흡은 많은 양의 에너지를 소모해서 신진대사를 활발하게 한다.

복식 호흡을 하면 스피치 뿐만 아니라 건강에도 도움이 된다. 산소를 많이 공급하기 때문에 긴장 완화, 근육 이완, 소화 기능 활성화 등 많은 장점이 있다. 복식 호흡은 앉아서 해도 좋고 서서 해도 좋고 누워서 해도 좋다. 단, 엎드려서 진행하면 안 된다. 배의 호흡을 느낄 수 없고 배가 눌려서 복식 호흡이 되지도 않는다. 가장 복식 호흡이 편하게 잘되는 순서는 누워서 할 때, 다음으로 앉아서 할 때, 마지막으로 서서 할 때 순이다.

초급자들은 누워서 먼저 시작을 해 보길 바란다. 누워서 복식 호흡을 진행할 때는 등을 바닥에서 떨어지지 않게 한 후 해야 호흡이 위로 뜨지 않는다. 두 손은 배꼽 아래에 대고 진행해야 한다. 그래야 호흡을 제대로 느낄 수 있다. 점점 익숙해질 때쯤 앉아서도 해 보고 서서도 해 보면 좋다. 복식 호흡을 할 때는 눈을 감고 호흡에 집중해야 한다. 집중하며 내 호흡을 느껴보면 감각을 알 수 있다. 시끄러운 공간보다는 조용한 공간에서 복식 호흡 연습을 하자. 시끄러운 곳에서는 집중이 잘 되지 않는다.

명상에서의 호흡도 복식 호흡이다. 평소 명상을 즐겨하거나 많이 해 본 사람들은 복식 호흡이 매우 편하게 잘 될 것이다. 복식 호흡이 힘들다면 명상을 통해 복식 호흡을 접해 보는 것도 좋다. 명상을 하다 보면 어느 순간 복식 호흡이 몸에 배어 있을 것이다. 성격이 급하다면 명상을 추천해 주고 싶다. 천천히 호흡함으로써 안정감을 느껴 예전과는 다르게 느긋한 성격으로 변화가 될 수 있다.

명상은 스트레스도 줄여 준다. 심신이 이완되기 때문에 몸과 마음이 편안해진다. 스피치에 두려움이 있는 분들은 말하기가 여간 스트레스가 아닐 것이다. 때문에 나는 교육생들에게 명상을 자주 권하곤 한다. 발표나 말을 해야 하는 상황이 많아 스트레스를 받는 사람들에게 명상은 많은 도움이 된다. 스피치 교육과 함께 명상도 하면 정서적인 부분에서 많은 도움을 받을 수 있다.

성격이 급한 사람들은 말할 때 말을 빨리 하는 경우가 많다. 여유 있게 말하는 게 말을 잘하는 것이다. 말을 잘하는 사람들은 여유가 있다. 얼굴에도 여유가 묻어나고 말을 할 때도 차분하고 느긋하다. 말할 때의 호흡도 편안하다.

스피치는 빨리하는 것보다 천천히 하는 게 좋다. 제한된 시간에 발표를 해야 하는 프레젠테이션이나 업무 보고를 할 때는 말이 살짝 빨라질 수 있겠지만, 예외적인 경우를 제외하고 평소 천천히 하는 게 좋다. 말을 빨리 하는 게 잘하는 게 아니다. 상대방이 잘 알아들을 수 있도록 천천히 여유 있게 해야 한다.

말할 때 떨면서 스피치를 하는 사람들은 복식 호흡이 아닌 흉식 호흡으로 말을 하고 있는 것이다. 일상에서 명상을 통해 복식 호흡을 생활화하다 보면 복식 호흡으로 말하는 게 수월해진다.

은미는 보이스 트레이닝을 집중적으로 받고 싶다고 했다. 친구들끼리 스터디도 많이 하고 승무원 학원도 계속 다녔지만 이제야 자신의 문제점이 무엇인지 안 것 같다고 했다. 상담을 하는 중에도 그녀의 말은 매우 빨랐다.

서비스직에서는 신뢰감이 중요하다. 빠른 말은 상대방에게 신뢰감을 줄 수 없다. 말이 빠르면 사람들에게 전달력이 떨어진다고 광고하는 것과 같다. 또, 목소리를 작게 하는 것은 스피치에 자신이 없다는 것을 보여 주는 것이다. 반면 목소리를 크게 하고 천천히 말하면 자신 있게 말하는 것이다.

　은미의 보이스 트레이닝 교육을 시작했다. 수업 첫 시간에는 자기소개를 준비할 시간을 10분 정도 준 뒤, 본인의 평상시 말투를 직접 녹음해 본다. 본인의 목소리가 녹음된 음성을 들으면 평상시 목소리가 어떤지 확인하고 체크를 할 수 있다.

　본인의 목소리를 듣고 난 은미는 매우 놀라는 모습이었다. 말이 심하게 빠르다며 자기가 면접관이라 해도 절대 합격시키지 않았을 거라고 말했다. 도통 무슨 말인지 하나도 못 알아듣겠다며 깊은 한숨을 내쉬었다. 그녀는 그동안 승무원 면접을 볼 때마다 항상 흉식 호흡으로 답변을 한 것이었다.

　흉식 호흡은 가슴으로 하는 호흡을 말한다. 말이 빨라지고 호흡이 얕을 수 밖에 없다. 호흡을 흉식 호흡으로 하면 노래를 두세 곡만 부르거나 친구들과 전화 통화를 잠깐만 해도 목이 금방 쉰다. 신뢰감도 복식 호흡으로 스피치를 할 때보다 훨씬 덜하다. 말할 때 목이 아프면 호흡법을 잘못 써서 스피치를 하고 있는 것이다. 그녀는 그동안 흉식 호흡으로 말을 하고 면접을 보았던 것이었다.

　하지만, 학원에서 꾸준히 보이스 톤을 잡고 열심히 수업을 들은 결과 3년 동안 계속해서 떨어졌던 승무원에 교육 3달 만에 합격했다. 더군다나 지원했던 항공사 3곳에서 모두 합격해 원하는 항공사를 선택해서 승무원이라는 직업을 갖게 되었다. 그야말로 인생 역전이 된 것이다.

선택을 받고자 했던 은미는 이제는 자신이 선택권을 쥐고 승무원이 되었다. 변화된 스피치로 인해 인생이 바뀐 것이다.

보이스 교정

우리는 다이어트를 할 때 요요현상 없는 확실한 다이어트를 하길 원한다. 그러기 위해서는 몸무게 뿐만 아니라 체지방량, 근육량, bmi 수치 등 자신의 몸에 대해 정확히 잘 알아야 성공적인 다이어트를 할 수 있다.

보이스 교정도 마찬가지다. 잘못된 보이스 습관을 하나씩 꼼꼼하게 점검하고 고쳐야 한다. 보이스 변화를 꿈꾼다면 내 목소리를 제대로 파악하는 것이 중요하다. 피아노 건반에 '도레미파솔라시'가 있듯 사람의 목소리 톤도 제각각 모두 다르다. 비슷한 음성은 있을 수 있지만, 똑같은 목소리는 없다. 닮은 목소리는 있을 수 있지만, 똑같은 음성은 결코 없다. 성대의 모양과 굵기가 다르기 때문이다.

목소리 톤을 파악하기 위해서는 우선 자신의 목소리를 녹음해서 들어 보면 된다. 평상시 자신의 목소리를 녹음해서 들어 보면 몰랐던 본인 목소리 톤을 발견하게 된다. 말이 빠른지 느린지 발음이 좋은지 안 좋은지 높낮이가 있는지 없는지 알 수 있다. 자신의 스피치와 보이스를 확인할 수 있다.

"말은 곧 그 사람이다." 말은 타인이 해 주는 것이 아니라 내가 하는 것이다. 내가 쓰는 어휘력, 표현력, 발음, 발성, 진정성 그 모든 것이 나인 것이다. **다음으로 내가 원하는 목소리가 있거나 닮고 싶은 목소리가 있다면 반복적으로 들어 보자. 닮고 싶은 목소리를 수시로 듣고 연습하다 보면 어느덧 이상향의 목소리에 근접하게 다가가고 있음을 알 수 있을 것이다.**

어린 시절 영어 교육을 일찍 시작하는 것도 이런 이유이다. 언어 습득과 훈련을 반복하다 보면 어느새 몸에 익힐 수 있다. 영어뿐만 아니라 모든 언어는 자주 듣고 연습하는 훈련이 필요하다. 한국어도 마찬가지다. **본인의 목소리가 마음에 들지 않는다면 닮고 싶은 이상향의 목소리 멘토를 정하는 게 좋다. 내가 원하는 이상향의 멘토의 목소리와 내 목소리의 차이가 얼마나 나는지, 어느 점이 다른지 직접 알고 확인을 해야 한다.**

아나운서 지망생들은 닮고 싶어 하는 선배 아나운서의 음성을 수시로 들으며 아나운서를 준비하기도 한다. 다른 사람의 음성을 듣고 따라 하다 보면 성대모사가 되는 게 아니냐며 의아해 하는 경우도 있지만 그렇지 않다. 사람마다 체질과 성격이 다르듯 모든 인간의 음성은 각각 다르다. 내 본연의 음성에 좋아하는 음성의 색깔이 더해져 나만의 더 멋진 음성을 만들 수 있다. 확실한 나만의 보이스 톤이 잡히는 것이다.

본인의 보이스 톤을 찾고 싶다면 내가 앞서 알려 준 방법들을 주저하지 말고 실행해 보라. 본인이 좋아하는 목소리, 닮고 싶은 목소리를 한 달 정도 듣고 음성을 따라 하다 보면 예전과 다른 본인의 음성을 스스로 알아챌 수 있을 것이다. 나만의 보이스 톤을 확실히 잡으면 신뢰감 주는 목소리로 설득력을 높일 수 있다.

훤칠한 키에 잘생긴 얼굴을 가진 지석은 여성들에게 인기가 무척이나 많을 것 같았다. 그 역시 보이스 때문에 큰 고민이 있었다. 목소리에 콤플렉스가 있어서 소개팅을 하거나 미팅을 해도 말을 잘 하지 않게 된다고 했다.

좋은 첫인상에 여성들이 관심을 보여도 그가 반응을 하지 않으니, 결국 자신에게 관심이 없는 줄로 착각해 좋지 않은 결과만 나왔다. 이런 상황이 한두 번이 아니라 반복되다 보니 너무 속상하다고 했다.

그는 말의 속도가 굉장히 빠르고 딱따구리처럼 소리를 누르면서 말했다. 흉식 호흡으로 말하기 때문이다. 소개팅에 나가서 말을 할 때마다 상대방의 표정은 항상 좋지 않았다고 한다. 그의 자격지심 때문인지 늘 결과는 좋지 않았다. 자신을 비웃는 것 같은 생각이 들었다고 한다. 본인이 말할 때마다 상대방이 인상을 찡그렸다고 한다.

반복되는 경험에 깊은 상처를 받고 보이스를 바꾸고 싶다며 학원에 등록하였다. 보이스 수업을 꾸준히 듣고 스타카토 발성 훈련을 한 결과 자신감도 생기고 복식 호흡으로 좋은 목소리를 갖게 되었다. 보이스 트레이닝 과정 수료 두 달 뒤 지석이 학원에 찾아왔다. 여자 친구가 생겼다며 환한 미소로 나에게 고마움을 전하러 왔다.

스타카토 훈련을 하면 보이스 교정에 많은 도움이 된다. 스타카토 훈련이란 소리를 튕기면서 내는 것을 말한다. 군인들이 군대에서 "충!

성!" 하고 말하는 그 느낌이라 생각하면 쉽다. 문장을 한 음절씩 끊어서 말을 하는 것이다.

예시)

안́녕́하́세́요́. 신́유́아́입́니́다́.

스타카토 훈련을 잘못 연습하면 말을 늘리게 되어 오히려 아이의 음성(아성)처럼 들릴 수 있으니 반드시 복식 호흡으로 연습해야 한다. 반드시 배를 밀면서 연습하라. 혼자서 연습이 힘들다면 전문가의 도움을 받는 것이 효과적이다.

목소리가 좋으면 믿음이 간다. 목소리에서 오는 편안함이 있기 때문이다.

아나운서들은 발성, 발음이 매우 정확하다. 그래서 전달력이 좋다. 소리가 편하고 잘 들린다. 개그맨들이 유머와 순발력으로 스피치를 잘한다면, 아나운서들은 신뢰감 가는 목소리로 정보를 정확히 잘 전달하는 스피치를 한다.

내가 추구하는 스피치의 모범 답안은 따뜻한 감성과 차가운 이성이 함께하는 스피치이다. 따뜻한 감성은 재치와 유머가 있는 유재석, 신동엽과 같은 개그맨들의 재미있는 스피치이며 차가운 이성은 냉철한 분석력과 사고력으로 아나운서와 같은 전달력과 객관성을 갖는 스피치를 말한다.

나는 SBS 공채 개그맨 출신의 아나운서로 이 두 가지 스타일의 스피치를 모두 구사한다. 아나운서들은 간결하게 스피치를 전달한다. 플로리스트는 꽃을 예술적으로 다루는 전문가로, 훌륭한 플로리스트는 가지치기를 잘한다고 한다. 가지치기를 한다는 것은 작품을 만들 때, 버릴 건 과감하게 버린다는 것이다. 아깝다고 이 꽃 저 꽃을 무조건 장식하며 재사용하지 않는다. 스피치도 마찬가지다. 상대방에게 곤란한 질문일까? 이 질문을 하면 어떻게 생각할까? 질문을 할까 말까? 등 주저하다가 오히려 중요한 부분을 놓치는 경우가 많다.

대답할 때도 마찬가지다. 많은 것들을 생각하다가 답변할 타이밍을 놓치거나 내용 정리가 안 되는 경우가 있다.

스피치를 할 때 간결함은 아주 좋은 것이다. 다만, 간결함은 좋지만 단답형은 좋지 못하다. 그 사람의 색깔이 묻어나는 게 스피치이다.

스피치는 곧 그 사람이다. 말은 타인이 해 주는 것이 아니라 내가 하는 것이다. 스피치에는 그 사람의 결이 나타난다. 그 결 안에는 목소리도 포함되며, 인품과 인성도 포함된다. 목소리가 너무 앙칼지면 성격도 그와 비례하는 경우가 많다. 겸손하고 인성이 반듯한 사람들은 목소리도 부드러운 경우가 많다.

자신을 잘 다듬자. 자신을 잘 다듬는 방법으로 나는 메모와 일기를 추천하고 싶다. 메모를 자주 하는 사람들은 생각 정리를 잘한다. 생각 정리가 잘되면 말을 잘할 확률이 높다. 일기는 하루를 반성하고 자신에 대해 생각해 볼 수 있다. 나를 잘 알아야 나의 뜻을 상대에게 잘 말할 수 있다. 일기를 쓰지 않는 사람이라면 써 보길 권한다.

목소리 톤을 파악하는 방법

1. 목소리를 녹음해서 들어 보고 객관적으로 평가한다.

2. 닮고 싶은 목소리를 찾아 반복적으로 들어 본다.

3. 이상향의 목소리 멘토를 정해 모니터해 본다.

제2장

스피치를 잘하면 인생을 바꿀 수 있다

1. 공감과 동감의 스피치는 적을 만들지 않는다

공감과 동감이 만나는 순간

남편이 부인에게 화났냐고 묻는다. 아내는 '아니'라고 말하지만, 남편은 아내가 화난 것 같은 느낌을 계속 받는다. 왜 그럴까? '아니'라는 말을 어떻게 전달하느냐에 따라 상대방이 느끼는 감정이 다르기 때문이다. 화내면서 말하는 '아니'와 웃으면서 말하는 '아니'는 다르다.

상대방이 말하면 우리는 느낌으로 알 수 있다. 그 느낌이 교감이다. 교감을 잘하기 위해서는 공감과 동감을 잘해야 한다. 앞서 말했지만 공감은 상대방의 의견을 이해하고 인정해 주는 것, 동감은 같은 생각에 동의하는 것을 말한다.

쉽게 예를 들면 친구에게 "스타벅스 커피 맛있지?"라고 물었을 때 "맞아. 맛있어."라고 말하는 것은 동감이다. 당신의 의견에 전적으로 동의한다는 것이다. 반면에 "그렇구나. 너는 스타벅스 커피가 맛있구

나. 그런데 나는 블루보틀 커피가 더 맛있는 것 같아."라고 말하는 것은 공감이다. 상대방의 의견을 일부 인정하면서 내 의견을 전달하는 것이 더해진다.

사람들은 스피치를 할 때 옳고 그름을 따지는 경우가 많다. '공감과 동감'의 법칙을 알면 원활한 사회생활을 하는데 많은 도움이 된다. 사람들과 싸울 일보다 웃을 일이 더 많아질 것이다. 공감과 동감의 스피치를 하면 '적'을 만들지 않는 스피치를 할 수 있다.

인간은 누구나 인정의 욕구가 있다. 나의 의견을 무조건 배척하는 타인은 배려가 없는 사람이라고 느끼게 된다. '공감과 동감'은 스피치에서 굉장히 중요하다. 우리가 속상한 일이 생겨 부모님께 고민거리를 말하거나 친구나 지인에게 전화를 걸어 고민을 말하는 것은 해결책을 달라는 것보다는 자신의 현재 상태가 힘드니 공감해 주길 바라는 것이다.

공감과 동감은 T의 관점보다는 F의 관점으로 하는 게 바람직하다. MBTI에서 T는 사고형(Thinking)으로 논리와 사실 중심으로, F는 감정형(Feeling)으로 사람과 감정 중심으로 생각한다. 공감과 동감은 T의 관점으로 논리적, 분석적으로 생각을 하기보다는 상대의 마음을 교감하며 감정으로 어루만져 주며 해야 한다.

T 성향의 사람들이 공감과 동감을 못한다는 것이 아니다. 상대방이 잘 느끼게 해야 한다는 것이다. 공감을 잘하려면 내 감정뿐만 아니라 타인의 감정도 잘 읽을 줄 알아야 한다. 경청을 잘하면 공감을 잘할 수 있다. 경청을 하면 내가 그들의 경험 속으로 들어갈 수 있다. 스

피치의 목적 중 하나는 청자에게 나의 감정을 그대로 잘 전달하는 것이다.

자신은 공감을 잘한다고 생각하지만 타인이 느꼈을 때는 공감을 못한다고 생각해서 본인은 억울해하는 경우가 있다. 이런 상황에서는 청자가 화자에게 공감을 하고 있다는 신호를 보내 주어야 한다. 의성어, 의태어, 형용사에 힘 주어 말하거나 맞장구를 치면 상대는 나의 말에 공감을 잘하고 있다고 받아들인다. 여기에서 함정에 빠지지 말아야 한다. 진짜 공감을 할 때 위와 같은 방법을 해야 하는 것이지 공감을 하지 않는 상태에서 보여 주기식으로 하면 절대 안 된다. 상대는 가짜인지 금방 알아차린다.

보통 남성이 여성에 비해 공감 능력이 취약한 편이다. 여자 친구나 아내와 함께 있을 때 진심으로 느끼는 감정을 의성어, 의태어, 형용사에 힘을 주며 공감을 해 주면 굉장히 좋아할 것이다.

워킹 맘 경진은 회사에서 4차원이라는 별명으로 불린다. 회사 사람들이 자신을 보통 사람들과 다르게 보는 것이 너무 싫다고 했다. 4차원이라는 별명 외에 태클녀라는 별명도 있었다. 사람들이 자기 몰래 그렇게 부르는 것을 얼마 전에 알았다. 회사에서 사람들과 이야기를 하면 자신은 화를 내는 게 아닌데 화를 낸다고 오해를 하고 이상한 취급을 해서 너무 속상하다고 했다. 혼자 곰곰이 생각해 보니 스피치가 문제인 것 같다는 생각이 들어 학원 문을 두드렸다.

그녀는 타인과 소통을 잘하지 못했다. '나는 맞고 타인은 무조건 틀리다.'라는 생각으로, 타인과 융화되기 힘든 스타일의 스피치를 하고 있었다.

세상에는 다양한 사람들이 살고 있다. 다른 사람이 있을 뿐 틀린 사람은 없다. 그녀는 자신과 다른 의견을 가진 사람들은 무조건 틀리다고 생각하고 있었기에 역할 스피치 교육을 진행했다. 역할 스피치는 즉흥적인 상황을 만들어 타인과 교감이 어느 정도 되는지를 알아보는 스피치 수업이다.

역할 스피치
(부인이 남편에게 퇴근 후 일찍 들어오라고 하는 상황)

경진 : 여보! 오늘 일찍 들어와.

남편 : 안 되는데.

경진 : 왜 안 돼? 일찍 들어오라고.

남편 : 그게… 사실…

경진 : 왜? 싫어? 난 일하고 애 키우고, 집에 일찍 오기 힘든데 눈치 보면서 일찍 퇴근하려고 애쓰는데. 당신은 그게 그렇게 힘들어?

남편 : 아니… 오늘은 야근을 해야 해. 내일 중요한 회의가 있어.

경진 : 야근? 누구는 야근 안 해?

남편 : ….

경진의 화법에는 공감과 동감이 전혀 없다. 본인이 하고 싶은 말만 하고 타인의 말을 들으려고 하지 않는다. 남편이 안 된다고 하는 이유가 있지 않겠는가? 공감을 잘하려면 타인을 이해해야 한다.

이 세상에는 정말 다양한 성격의 사람들이 함께 살아가고 있다. 사람은 다 다르다. 다름을 인정해야 한다.

미국 LA에 있는 그리피스 천문대에 간 적이 있다. 나무도 많고 운동하기 좋은 공간이 근처에 있어, 여러 사람들이 조깅을 하고 있었다. 그곳에서 일행과 함께 있던 나에게 모르는 외국인이 웃으며 인사를 건넸다. 처음 본 낯선 이방인에게 경계심 없이 인사를 건네는 외국인. 한국에서는 자주 볼 수 없는 모습이다.

나에게 인사를 한 외국인은 한 사람만이 아니었다. 내 주변을 지나가며 조깅을 하던 외국인 대부분이 나에게 인사를 했다. "Hi." "Morning." "Good morning."과 같은 인사를 전하는 것이었다. 나와 한마디도 해 본 적 없는 외국인들이 신선한 아침 공기와 함께 나에게 인사를 건네었다. 상냥한 인사로 나를 무장해제시켰다. 인사 하나만으로 잠시나마 교감이 되었다. 언어가 잘 통하지 않아도 몇 마디 나누지 않아도 소통이 충분히 될 수 있었다. 경진은 이러한 부분이 많이 부족했다.

우유부단한 성격으로 자신의 의견을 잘 말하지 못하고 맞춰 주기만 하는 사람들이 있다. 그들은 공감을 잘하는 게 아니다. 공감을 잘하는 척을 하는 것이다. 자신의 평판이 나빠질까 봐 눈치 보며 맞춰 주는 것뿐이다. 모든 사람들이 자신을 좋게 봐 주길 바라는 마음이 크기 때문에 겉으로만 공감하는 척을 하는 것이다.

　　진짜 공감을 잘하는 사람들은 타인의 의견을 존중하고 인정해 주되 눈치를 보느라 자기의 의견을 숨기지 않는다. 의견이 있을 때는 의견도 잘 전달한다. 이것이 진정으로 공감을 잘하는 것이다.

　　공감을 잘하려면 상대가 말을 할 때 귀로 듣고 마음으로 듣고 몸으로 들어야 한다. 공감과 동감을 잘하려면 귀로만 들으려 하면 안 된다. 귀를 활짝 열고 경청해야 잘 듣고 대답을 할 수 있고, 마음을 열고 들어야 선입견과 편견 없이 다른 사람의 의견을 온전히 잘 들을 수 있다. **또, 스피치는 온몸으로 들어야 한다.** 몸으로 춤을 추라는 이야기가 아니다. 액션과 리액션을 해 주어야 한다. 액션은 내가 말하면서 하는 행동이며, 리액션은 상대방이 말하는 것을 듣는 행동이다. 남녀노소 누구나 자신의 이야기에 귀 기울여 주는 사람을 좋아한다. 나와 교감하고 있다고 느끼게 해 준다.

역할 스피치

(스포츠를 주제로 대화해 보기)

남자1 : 어제 축구 경기 봤어요?
남자2 : 손흥민 정말 대단하던데요? OO 씨도 봤어?
여자1 : 아니요. 저는 그 시간에 약속이 있어서 못 봤어요. 재미있
　　　　었어요? 저는 사실 축구보다는 야구를 더 좋아해요.
남자1 : 그래요? 야구는 어느 팀 응원하세요?

여자1 : 저는 00팀 응원해요, 경진 님은요?

경진 : 전 관심 없어요.

경진은 더 이어질 수 있는 대화를 단절시켜 버렸다. 여자1은 축구에 관심이 없어도 대화에 함께 참여하려고 노력하는 모습을 보인다. 하지만, 경진은 그렇지 않았다. 공감과 동감을 하지 않기 때문에 사람들이 그녀와 대화하고 싶어 하지 않았고 그녀 스스로가 사람들을 떠나게 만들었던 것이다.

그녀는 지금까지 자신이 소통을 못하고 있다는 것을 몰랐다고 했다. 학원에 오기 전까지 본인의 문제점을 전혀 모르고 있었다. 역할 스피치 때 촬영한 영상을 보여 주니 깜짝 놀라며 자신의 모습이 너무 싫다고 했다. 자기처럼 소통을 못하는 사람과 대화를 하면 누구나 피하고 싶을 것 같다고 말했다.

영상을 보고 난 후 스스로 개선하려는 강한 의지를 보였다. 스피치 교육을 통해 많은 변화가 생겼다. 상대방의 이야기를 귀로 듣고, 몸으로 듣고, 마음으로 들었더니 주위에 사람들이 모이기 시작했다고 했다.

스피치 교육을 계기로 그녀는 많이 변화했다. 부부 사이도 훨씬 좋아졌다. 남편과 사이가 좋지 않아 부부 상담까지 받았지만 사이가 좋아지지 않았었는데 스피치 교육을 통해 남편과도 소통이 잘되어 금슬이 좋아졌다고 했다.

역할 스피치와 함께 무표정한 얼굴을 밝은 표정으로 바꿀 수 있는 안면 근육 훈련을 진행했다. 처음 만났을 때와는 다르게 표정이 많이 밝아졌다. 무뚝뚝하던 그녀의 말에는 상냥함이 묻어났고 무표정하던 얼굴은 늘 웃는 표정이 되었다.

안면 근육 훈련

눈썹, 눈동자, 코, 입술, 턱, 혀를 많이 움직여 스트레칭을 해 주는 훈련이다.

1. 눈썹을 위아래로 각각 3초씩 움직인다.
2. 눈동자를 상하좌우로 움직인다.
3. 콧등에 주름이 생기게 움직인다.
4. 입술을 동그랗게 모았다가 크게 벌려 본다.
5. 턱을 좌우로 움직여 본다.
6. 혓바닥을 밖으로 내밀었다가 다시 집어 넣어 본다.

안면 근육 훈련을 하면 표정이 자연스러워지며 웃는 얼굴 표정을 만들 수 있다.

경진은 웃지 않고 있으면 화난 것 같다는 말을 많이 들었다고 했다. 무표정으로 가만히 있을 뿐인데 화난 표정으로 오해를 받는 사람들에게 도움을 주는 훈련이 바로 안면 근육 훈련이다.

행복한 생각을 많이 하면 밝은 표정을 가질 수 있다. 생각이 표정을 만드는 법이다. 마음을 가볍게 하고 복식 호흡을 하며 긴장을 풀고 몸을 이완시키는 게 좋다.

그녀는 1년 동안 꾸준히 스피치 교육을 받았다. 스피치 교육을 통해 많은 것이 변화되었다. 삶을 긍정적으로 바라보게 되었고 삶이 즐거워지니 배우고 싶은 것도 많아지고 공부 욕심도 생겨 대학원에도 진학했다. 스피치 습관을 바꾼 덕에 대학원에 합격할 수 있었던 것 같다고 했다. 낯선 사람을 늘 경계하던 그녀는 면접관의 압박 질문에도 당황하지 않고 여유롭게 답변을 잘했다고 했다. 어느 날 그녀는 나에게 문자 한 통을 보내왔다.

"원장님, 저 이제 인기 많아진 것 같아요."

스피치를 잘하고 싶다면 교감을 잘해야 한다. 공감과 동감을 잘하는 능력이 있어야 한다.

또한 사람들을 내 편으로 만드는 방법 중 하나는 칭찬을 하는 것이다. 칭찬을 싫어하는 사람은 아무도 없다. 감성으로 소통을 하고 상대를 배려하며 상대를 높이는 스피치를 해야 한다. 칭찬을 할 때는 구체적으로 하는 게 좋다. 단순히 "고마워." "감사해요."라고 말하는 것보다 고마운 이유를 구체적으로 말하면 상대는 마음을 더 잘 느낀다.

칭찬을 할 때는 인사치레로 형식적으로 하면 안 된다. 진정성 있게 마음을 담아 칭찬을 해야 한다. 타이밍도 중요하다. 칭찬을 해야 하는 타이밍이 있고 칭찬을 하면 안 되는 타이밍이 있다. 회사에서 업무를 열심히 하지 않는 사원에게 기가 죽을까 봐 칭찬만 한다? 직원은 자신이 정말 일을 잘하는 것이라 착각하고 열심히 하지 않을 것이며, 일의 효율성도 떨어질 것이다.

공감과 동감 잘하는 방법

1. 논리와 사실 중심보다는 사람과 감정 중심으로 공감하고 동감하자.

2. 상대의 이야기를 귀로 듣고 마음으로 듣고 몸으로 듣자.

3. 안면 근육 훈련을 통해 표정을 살아 있게 만들자.

2. 리듬감 있게 말하면 재미있게 말할 수 있다

스피치의 시작은 리듬감

스피치는 리듬이 필수다. 춤이나 음악에만 리듬이 있는 게 아니다. 같은 말이라 해도 누가 어떻게 말하느냐에 따라 설득이 잘되는 스피치와 설득이 잘되지 않는 스피치, 재미있는 스피치와 재미없는 스피치, 흥미 있는 스피치와 흥미 없는 스피치가 결정되는데 그 결정 요소가 바로 리듬감이다.

미정은 막 방송국에 입사해 막내 작가로 일하고 있다. 아직 대본 작성이 서툴러 매번 메인 작가에게 혼쭐이 난다. 하지만 미정 작가가 쓴 글을 유재석, 신동엽에게 전달하면 재미있게 잘 살릴 수 있지 않을까? 반면 방송국에서 메인 작가 10년 차로 글 잘 쓰기로 정평이 나 있는 은진. 하지만 그녀의 글을 발음과 발성이 좋지 않은 20대의 평범한 청년에게 준다면 잘 살릴 수 있을까?

스피치에서 중요한 것은 내용이기도 하지만 내용보다 더 중요한 것은 말하는 사람, 즉 스피커이다. 말하는 사람이 얼마나 리듬감 있게 말을 하느냐에 따라 스피치의 결이 달라진다.

지루하지 않은 스피치

40대 초반의 남성 태진 씨가 학원 문을 두드렸다. 그는 억울한 사연을 말했다. 한 달간 밤을 새우면서 회사 프레젠테이션 준비를 열심히 했는데 정작 발표 당일에는 심장이 밖으로 튀어나올 것처럼 떨려서 준비한 것의 반의 반도 하지 못했다고 한다.

프레젠테이션을 잘하면 승진을 할 수도 있는 기회였는데 준비한 만큼 잘 해내지 못해 속상하다며, 후배는 자신보다 열심히 준비하지도 않고 이틀 동안 관련 자료만 대충 정리한 것 같은데 발표를 너무 잘해서 놀랐다고 말했다. 자신 있게 프레젠테이션 하는 후배를 보니 화도 나고 한편으로 부럽기도 하고 질투하는 자신의 모습이 한심해 보인다고 했다. 자신이 한참 선배인데 후배보다 못하니까 너무 창피하다고 말했다. 후배는 프레젠테이션을 통해 승진까지 했는데 자기 몫을 빼앗아 간 것 같아 기분이 좋지 않다고 했다.

스피치 상담을 하는 분들 중에는 이런 경우가 굉장히 많다. 열심히 준비했지만 만족할 만한 스피치를 못한 경험들에 대해 비슷한 하소연을 한다. 충분히 이해한다. 밤새 열심히 준비했는데 준비한 만큼 발표하지 못했을 때의 허망함을. 하지만 어쩌겠는가? 결국 본인이 준비한 것을 본인이 말한 것을!

나는 대학 시절 정말 바빴다. 방송사에 합격해 학업과 방송을 함께 해야 하는 상황이었다. 휴학 기한을 모두 쓴 상태라 더 이상 휴학 연장이 되지 않아 학교를 다니며 방송을 해야 했다. 일주일에 몇 개씩 잡히는 야외 촬영과 생중계로 몸이 열 개라도 부족할 만큼 바빴다.

당시 SBS 〈생방송 투데이〉라는 교양 프로그램에서 리포터 활동을 했기에, 수업이 끝나면 야외 촬영을 하기 위해 바로 KTX를 타고 지방으로 내려가야 했다. 제주도에서 촬영이 잡혔을 때는 스탭들만 미리 제주도에 가서 촬영을 하고 나 홀로 수업을 들은 뒤 다음 날 따로 출발하기도 했다. 촬영이 늦게 끝나면 잠도 몇 시간 못 자고 학교에 가야 하는 경우도 많았다.

대학 시절, 연극과의 '극장 일반상식'이라는 강의를 들은 적이 있다. 코넬 박스를 만들어 발표해야 했는데, 코넬 박스란 검정색 박스 안을 오브제로 재배열하는 것으로 상자 안에 이미지를 채워 나가며 스토리를 표현하는 방식의 수업이었다. 코넬 박스는 만드는 데 개인차가 있지만 보통 짧게는 일주일 길게는 한 달까지도 걸리기도 한다. 방송과 학업을 병행하는 나에게는 거창한 코넬 박스는 기대할 수 없는 상황이었다. 나는 외적인 공간을 많이 꾸미기보다는 그 안에 나만의 스토리텔링을 넣는 것으로 컨셉을 정했다.

먼저 나는 검정색 상자 안에 큰 초 하나를 넣었다. 그리고 천천히 담담하게 나의 이야기를 해 나갔다.

"저는 우리 인생이 촛불이라고 생각을 합니다. 촛불이 의미하는 게 무엇이라 생각하시나요? 자신이 원해서 이 세상에 태어나는 사람은 아무도 없죠?"

초에 불을 붙이며 이야기를 계속 이어 나갔다.

"이렇게 초에 불이 붙듯이 우리도 세상에 태어나면 열심히 살아야 합니다. 이 불이 꺼지지 않도록 있는 힘을 다해 열심히 살아야 하죠. 전 이 불이 또 다른 의미로 에너지라고 생각을 합니다. 에너지가 있어야만 촛불이 타오르고 어둠을 빛으로 밝힐 수 있죠? 저도 현재 학업과 일을 병행하면서 열심히 달리고 있는 중입니다. 그런데 이렇게 계속 열심히 달리다 보면 모든 인간은 언젠가 병들고 죽게 되죠. 제가 계속 말하고 있는 동안에도 이 촛불은 온 힘을 다해 불을 밝히고 있지만 점점 타들어 가고 있죠?"

촛불을 입으로 불며

"이렇게 순리대로 사는 것이 인생인데요. 제가 여러분들께 전하고 싶은 메시지는 '촛불처럼 뜨겁게 살자.'입니다. 한번 태어난 인생 촛불처럼! 촛불이 세상을 뜨겁게 비추듯이 여기 같이 수업을 함께 듣고 있는 선배, 후배, 동기 분들 모두가 본인의 인생을 뜨겁게 살며 여러분들을 빛내셨으면 좋겠습니다."

라고 발표를 했다. 여기저기서 박수가 쏟아져 나왔다.

코넬 박스 안에 화려한 소품은 딱히 없었다. 초 하나를 세우고 불만 붙였을 뿐이다. 준비기간이 오래 걸리지 않았지만 난 나의 진심을 담아 충분히 스토리를 전달했다. 내가 코넬 박스를 준비한 시간은 채 한 시간도 걸리지 않았다. 오랜 기간 준비하지 않았어도 좋은 스토리텔링으로 리듬감 있게 스피치를 하였더니 좋은 학점을 받았다.

반면에 다른 학생들을 보니 내가 준비한 코넬 박스보다 정말 무척이나 훌륭했다. 르네상스 시대 양식처럼 나무로 조각하고 조개를 붙이고 천으로 꾸미기도 하며 정말 멋지게 코넬 박스를 준비해 왔다. 하지만 그렇게 멋지게 준비를 해도 좋은 성적을 받지 못한 사람도 있었다. 스토리가 잘 전달되지 않았기 때문이다. 좋은 콘텐츠는 반드시 좋은 스피치로 말해야 한다.

좋은 콘텐츠를 좋은 스피치로 말하면 효과가 배가 된다. 또, 부족한 콘텐츠도 좋은 스피치로 말하면 그 또한 좋은 모양새를 잘 갖출 수가 있다. 좋은 스피치는 진심을 담아 리듬감 있게 말을 하면 된다.

태진 씨는 밤새 열심히 프레젠테이션을 준비해서 좋은 콘텐츠를 만들었지만 좋은 스피치를 하지 않은 것이다. 나는 그에게 후배와 본인의 발표가 어떻게 다른 것 같은지 물어보았다. 그는 한참 생각하더니 후배의 프레젠테이션은 지루하지 않고 명확했으며 매력이 있었다고 말했다. 후배가 특별히 잘생기거나 호감형이 아닌데도 떨지 않고 자신감 있게 하는 모습이 멋있어 보였고 스피치가 듣기 좋았다고 했다. 전혀 지루하지 않았다고 했다.

지루하지 않게 하는 스피치 방법은 리듬감 있게 하는 것이다. 일상에서의 대화도, 프레젠테이션, 연설, 면접에서의 스피치도 리듬이 있어야 한다. R&B 가수들의 모습을 상상하면 이해가 쉬울 것이다. 그들은 손으로 리듬을 타며 노래를 부른다. 이러한 모습을 상상하며 스피치를 연습하는 게 좋다.

말할 때 손짓을 하면서 해 보자. 말 한마디 한마디를 할 때 손짓하며 연습을 해 보아라. 분명 스피치에 리듬감이 생길 것이다. 리듬감 있는 스피치는 한순간에 완성되지 않는다. 꾸준히 연습을 해야 어느 순간 자연스럽게 손을 쓰며 스피치를 할 수 있다. 래퍼들도 마찬가지다. 차렷하고 랩하는 모습을 본 적 있는가? 결코 없을 것이다. 그들은 그들만의 리듬을 탄다. 말을 살아 숨 쉬게 전달하고 싶다면 리듬감은 필수다. **스피치 할 때 리듬감을 주려면 최소한 한 문장에서 한 번 이상 단어에 강조를 해 주면 좋다. 문장이 길어질수록 강조할 단어가 많아도 된다.**

봄이 오면 내 마음은 **행복으로** 가득하다.

위 문장에서 강조하고 싶은 단어에 힘을 주며 말해보자. '봄이' '행복으로'를 모두 강조해서 읽어 보자. 리듬감 있게 말하면 상대방에게 전달하고자 하는 내용을 효과적으로 전할 수 있다. 말에 강조를 하지 않으면 지루하게 들린다. 반드시 한 문장에서 최소한 한 번 이상 강조하라. 내가 더 강하게 전달하고 싶은 부분에 힘을 주어 스피치를 하면 된다.

TPO에 맞는 스피치

스피치는 인간이 태어나 옹알이를 시작하면서부터 죽기 직전까지 계속해야 하는 소통의 도구이다. 그런데 이 말이라는 것이 참 재미있는 게 어떻게 전달하느냐에 따라 내 주변 사람들이 적이 될 수도 있고 친구가 될 수도 있다. 성공이 빠를 수도 있고 느릴 수도 있고, 내 분야에서 최고가 될 수도 있고 아닐 수도 있다.

말 한마디에 천 냥 빚을 갚는다
같은 말이라도 아 다르고 어 다르다
가는 말이 고와야 오는 말이 곱다
말이 씨가 된다
낮말은 새가 듣고 밤말은 쥐가 듣는다

등 말에 관한 속담도 참 많다. 얼마나 말이 중요하면 말에 관한 속담이 이리도 많겠는가?

AI의 시대라고 한다. ChatGPT를 통해 많은 정보를 쉽게 얻을 수 있다. 말도 사람이 아닌 AI가 해 주는 시대가 되었다. 사람 사이의 소통은 감정 교감과 공감이 가능하지만 AI는 감정을 흉내 낸다. 사람과 사람 사이의 소통은 비언어적인 요소가 반드시 필요하지만 AI와의 소통에서는 비언어적인 요소가 거의 드러나지 않는다. 사람과의 소통은 때로는 실수하거나, 감정에 따라 말이 바뀌기도 하지만, AI와의 소통은 명확하고 정확하게 하려는 경우가 많다.

AI는 말은 대신해 줄 수 있어도 진짜 소통은 대신해 줄 수 없다. 나의 이야기를 잘 전달해야 사람들과 소통을 잘할 수 있다.

지역마다 사투리가 있다.

사투리를 고치고 싶어 하는 분들이 있는데 사투리 교정을 하고 싶다면 사투리에서 오는 일률적인 리듬을 줄이라고 말하고 싶다.

지역에 따라 사투리는 다르다. 경상도, 강원도, 전라도, 충청도, 제주도 등 지역마다 사투리가 있다. 충청도와 전라도는 말을 늘리며 하는 편이고 경상도와 강원도의 사투리는 억양이 강한 편이다. 사투리도 리듬이 있다. 하지만 일률적인 리듬이기에 말을 할 때 듣기 좋지 않다.

스피치에서 의미하는 리듬감은 사투리처럼 일률적인 리듬감이 아니다. 충청도와 전라도 사투리는 말할 때 끝 어미 처리를 일정하게 반복적으로 늘린다. 경상도와 강원도 사투리는 끝 어미 처리를 반복적으로 높인다. 이를 개선하기 위해서는 충청도와 전라도 사투리는 늘리는 것을 짧게 끊어서 하는 훈련을 해 보고, 경상도와 강원도 사투리는 말에 힘을 빼고 연습을 해 보는 게 좋다.

또한 스피치를 할 때는 TPO에 맞게 말해야 한다. T(Time:시간), P(Place:장소) O(Occasion:상황)에 맞게 말해야 한다는 것이다.

먼저 시간(Time)에 어울리게 말해야 한다. 예를 들어 라디오 DJ는 심야에 진행하는 목소리와 한낮에 진행하는 목소리의 분위기가 다르다. 새벽 라디오 방송을 너무 밝은 목소리로 진행하면 청취자들은 어울리지 않는다고 생각할 것이다. 또 밝은 낮 시간에는 에너지가 있어야 하니 너무 조용하고 고요한 목소리는 어울리지 않는다. 이처럼 시간대에 맞게 스피치를 해야 한다.

두 번째로 장소(Place)에 맞게 말해야 한다. 카페나 공원에서 말할 때와 회사에서 발표할 때의 말하기는 다르다. 카페나 공원에서 지인들과 이야기를 할 때는 스피치에 크게 신경 쓰지 않아도 되지만 회사에서 업무적인 일을 할 때는 스피치에 신경을 써야 한다.

세 번째로 상황(Occasion)에 맞는 스피치를 해야 한다. 친구와 단둘이 담소를 나눌 때와 사람들이 많은 장소에서 연설을 하는 스피치는 다르다. 담소를 나눌 때는 작은 목소리로 말해도 잘 들리지만, 연설을 하는 경우 작은 목소리로 하면 잘 들리지 않을뿐더러 호소력이 떨어진다.

TPO에 맞게 말하자. 이 책에는 스피치를 잘할 수 있는 이론적인 내용과 실생활에서 적용해 볼 수 있는 실습적인 내용이 함께 실려 있다. 단순히 책을 한 번 읽고 난 후 "이제부터 나는 스피치를 잘하겠지."라고 생각하면 큰 착각이다. 스피치는 직접 해 봐야 한다. 연습해야 한다. 오늘 걷지 않으면 내일은 뛰어야 한다. 스피치가 그렇다. 지금 당장 하지 않으면 좋지 않은 스피치 습관이 점점 고정되어 간다. 스피치는 지금까지의 습관이 만들어 낸 결과물이다. 자신의 스피치가 마음에 들지 않는다면 습관을 교정해야 한다. 행동을 교정해야 한다. 이 책을 보면서 꼭 연습을 해 보고 실생활에 적용해 보길 바란다.

스피치는 어릴 적부터 교정을 하는 게 가장 최상이다. 나이가 들수록 모든 습관이 그렇듯이 스피치도 습관이 되고 고착이 된다. 습관이 된 것들은 한 번에 고치기 어렵다. 특히나 언어는 일상에서 사람을 만나고 일을 하면서 늘상 사용하기 때문에 더욱 그렇다.

그러니 스피치가 마음에 들지 않아 변화를 원한다면 지금 당장 연습을 하라. 지금 연습하지 않으면 내일은 두 배, 세 배로 더 노력해야 한다. 내일부터 연습해야지, 라고 생각하는 순간 한 달이 지나고 일 년이 지나고 십 년이 되어 어느새 노년이 되어 있을 것이다. 지금 시작하지 않으면 당신은 계속 제자리걸음만 할 것이다. 주저하지 말고 과감해져야 한다. 과감하게 연습해야 한다. 시간을 끈다면 당신은 절대 스피치를 교정할 수 없다.

리듬감 있게 말하는 방법

1. 한 문장에서 한 번 이상 단어를 강조해서 말하라.

2. 사투리는 일률적인 리듬이기 때문에 일률적인 리듬은 없애 버리자.

3. T(Time:시간), P(Place:장소), O(Occasion:상황)에 맞게 말해라.

3. 몸을 쓰면 생기있게 말할 수 있다

청중의 마음을 움직이는 몸쓰기

메라비언의 법칙이라는 것이 있다. 미국 캘리포니아 대학교 심리학과 명예교수 앨버트 메라비언Albert Mehrabian이 발표한 이론으로, 상대방에 대한 인상이나 호감을 결정하는 데 있어서 목소리는 38%, 보디랭귀지는 55%의 영향을 미치는 반면, 말하는 내용은 겨우 7%만 작용한다는 이론을 말한다. 효과적인 소통에 있어 말보다 비언어적 요소인 시각과 청각에 더 큰 영향을 받는다는 것이다.

메라비언의 법칙은 감정이나 태도에 대한 해석에 유효하다. 스피치를 할 때 내용도 중요하지만 내용보다 더 중요한 것은 비언어적인 요소다.

나는 특히 비언어적인 요소에서 중요한 것은 몸짓이라고 생각한다. 몸짓 중에서도 손짓이 가장 중요하다. 손짓을 잘 활용하면 설득력을 높일 수 있고 진정성 있는 모습을 보여 줄 수 있다. 많은 사람들은 스피치는 입으로만 하는 것이라고 착각한다.

스피치는 입으로만 하는 게 아니다. 몸과 함께해야 한다. 스피치를 할 때 몸을 적절히 사용하면 생기 있게 말할 수 있다. 몸을 쓸 때는 들썩이지 않는 게 좋다. 특히 팔을 들썩이지 않아야 한다. 산만하게 보일 수 있기 때문이다.

리포터 활동을 할 때 많은 사람들을 만나 인터뷰를 했다. 그때마다 몸짓을 적절히 사용했는데, 특히 손동작을 적극적으로 활용했다. 몸짓을 적절히 사용하는 이유는 사용하지 않을 때보다 훨씬 전달력이 좋고 친근하게 다가갈 수 있기 때문이다. 단, 몸짓을 하며 스피치를 할 때는 주의할 점이 있다. 스피치와 관련 없는 몸짓이나 행동을 하면 안 된다. 갑자기 내용에 맞지 않는 표정을 짓는다든가 말의 흐름에서 벗어나는 동작은 오히려 역효과다.

스피치를 할 때의 자세

광고회사 대표로 재직 중인 이경 님. 그녀는 빛나는 아이디어와 좋은 콘텐츠로 광고 분야에서 널리 이름이 알려져 있다. 그런 그녀에게도 치명적인 단점이 있었다. 바로 스피치를 할 때의 자세와 행동이었다. 몸이 완전히 굳어 있었다.

스피치 학원에서 교육을 받는 분들은 직업, 나이, 성별 모두 다양하다. 자신감이 없고 스피치가 부족하기 때문에 교육받는 경우가 대

다수지만 간혹 스피치에 만족은 하지만 더 발전하고 싶어 교육을 받는 경우도 있다. 이경 님은 후자였다. 본인의 스피치에 대해 만족도가 높은 편이었다. 어느 누가 봐도 말을 잘한다는 생각이 들 정도로 스피치를 잘했지만, 손을 쓰지도 몸을 움직이지도 않고 스피치만 진행하는 습관이 있었다. 오랜 시간 회사 대표로 있어서인지 권위주의적인 면이 몸에 배어, 이야기를 듣는 사람이 거부감과 위압감을 느끼게끔 스피치를 했다.

그녀는 스피치를 할 때 팔짱을 끼고 짝다리를 짚는 습관이 있었다. 학원에 오기 전까지 나쁜 습관이 몸에 배어 있는지 전혀 몰랐다고 한다. 스피치 하는 모습을 영상으로 촬영하여 보여 주었더니 그제야 안 좋은 습관을 알아챘다.

스피치 하는 모습을 영상으로 모니터해 보면 놓치고 있는 부분이 무엇인지 알 수 있다. 권위적인 모습으로 스피치를 하면 이야기를 듣는 사람들은 존중받지 못한다는 느낌을 받는다. 팔짱을 끼고 스피치를 하는 것은 일종의 방어 자세이다. 팔짱이 청자와 화자 사이의 벽을 만드는 것이다.

몸짓을 활용할 때는 지나치게 몸에만 신경을 쓰면 안 된다. 말의 내용을 온전히 이해하였을 때 몸짓을 활용하는 것이 좋다. 말의 내용을 이해하지 못하는데 몸에만 신경 쓰는 것은 순서가 바뀐 것이다. 내용 전달도 안 되고 보는 사람도 불안하게 만든다.

내용이 잘 정리가 된 후에 몸을 써라. 시선은 정면을 응시하는 것이 좋고, 말할 때는 어깨를 들썩이거나 고개를 왔다 갔다 하는 것은 바람직하지 않다. 듣는 사람들을 불편하게 만들지 말아야 한다.

　몸짓 스피치를 할 때 많은 사람이 힘들어 하는 것 중 하나가 몸에만 신경을 쓰다 보니 말의 속도가 빨라진다는 점이다. 여유 있게 천천히, 웃으면서 몸짓을 활용하는 것이 바람직하다. 마이크를 사용한다면 마이크를 너무 세게 감싸는 것도 좋지 못하다. 한쪽 손에 힘이 지나치게 많이 들어가면 전체적으로 몸의 균형이 무너질 수도 있기 때문이다.

　소개팅 자리에서 상대방에게 호감이 있다면 절대 팔짱을 끼고 대화하지 않는다. 더 가까이 다가가려고 몸을 기울이거나 자연스럽게 다가가려 한다. 스피치를 할 때도 긴장된다고 혹은 스피치에 자신이 있다고 팔짱을 끼고 스피치를 진행하지 말라.

　공손하게 보이겠다고 두 손을 얌전히 포개어 배꼽 아래쪽에 계속 손을 모으고 스피치를 진행하는 사람이 있는데 이것도 바람직하지 않다. 처음 도입부에서 공손하게 손을 모아 진행을 하는 것은 좋다. 하지만 계속 손을 같은 자리에 올려 두고 스피치를 하면 보는 사람은 당신을 긴장하고 불편한 모습으로 본다. 어느 정도 가볍게 손을 쓰는 게 훨씬 자연스럽고 좋다.

　손을 사용할 때는 대체로 어깨선과 허리선 사이에서 사용하는 것이 좋다. 손을 활용할 때는 겨드랑이에 팔을 붙이지 말고 가슴 앞쪽에서 손을 쓰자. 또, 골반 아래서만 손을 사용하면 굉장히 어색해 보인다. 무용하는 것처럼 보이기도 하고 자신감이 없어 보이기 때문에 손을 쓰며 스피치를 할 때는 어깨선과 허리선 사이에서 손을 적절히 사용하는 것이 좋다.

　간혹, 손을 엉덩이 뒤쪽으로 가져가는 경우도 있는데 이러한 몸짓도 좋지 못하다. 손을 뒤로 보낸다는 건 긴장을 하고 있다는 신호이다.

　말할 때 계속 차렷하고 말하는 사람과 손을 쓰면서 열정적으로 말하는 사람이 있다면 누구와 더 대화하고 싶겠는가?

　너무 지나치게 손을 많이 쓰거나 한 동작만 반복하는 것은 좋지 못하다. 상대방이 집중할 수 없기 때문이다.

　말할 때 손을 쓰는 쉬운 방법으로는 손의 옆면을 이야기를 듣는 사람 쪽을 향하게 하여 사용하는 것이다. 손을 쓰면서 스피치를 할 때 가장 쉬운 방법이기도 하다. 손바닥을 보이면서 스피치를 하면 상대방을 진정시키려는 모습으로 보인다.

　반면에 손등을 보여 주며 스피치를 하면 연극하는 것처럼 과장되어 보인다. **손 옆면을 사용하되 손가락을 전부 붙이지 말고 자연스럽게 손가락을 뗀 상태로 좌우로 살짝살짝 움직이면서 스피치 하는 게 보기에도 좋고 자연스럽다.**

　상황에 따라 펜을 사용하는 것도 좋다. 스피치를 할 때 펜을 사용해 보자. 오른손도 좋고 왼손도 좋다. 펜을 들고 말하는 것이다. 앞서 말했던 방법과 모두 동일하다. 단지 펜이 있고 없고의 차이이다. 스피치를 할 때 많이 긴장하는 사람들은 이 방법이 매우 효과적이다.

　사람은 불안하면 무언가에 기대고 붙잡으려 한다. 버스를 타고 갈 때 급정거를 하면 우리는 무의식적으로 손잡이를 잡는다. 스피치를 할 때 불안하다면 펜에 의지해 보자. 무언가를 잡고 있다면 불안함이 좀 덜할 것이다.

　많은 사람 앞에서 스피치를 해야 하는 연설은 동작이 잘 보이도록 손을 어깨 위로 사용하는 것이 좋다. 대통령 후보자들의 연설을 떠올려 보면 쉬울 것이다. 손을 움직여라. 몸짓을 활용해라. 그것이 몸짓 스피치이다. 비언어적인 커뮤니케이션이 무척 중요하다. 비언어적 커뮤니케이션이란 언어 외 몸짓, 자세, 시선, 표정, 의상 등을 말한다.

　이야기를 듣는 사람들은 화자의 몸짓을 통해 잘 느끼기 때문에 몸짓이 중요하다. 자세도 중요하다. 거북목으로 스피치를 한다거나 너무 고개 숙인 자세로 스피치를 하면 당당해 보이지 않는다.

　말할 때의 시선은 내가 지금 집중해서 당신에게 말하고 있으니 잘 들어 달라는 신호이다. 표정은 밝은 미소를 지으면서 스피치를 하는 게 좋다. 심각하지 않은 내용이 아니라면 말이다. 의상은 때와 장소에 맞게 단정하게 잘 차려입으면 된다. 명품을 걸치거나 많이 꾸미라는 것이 아니다.

몸짓 스피치를 잘하기 위한 훈련
　평상시 몸이 경직되어 몸짓과 손짓을 하기 힘들다면 몸으로 표현하는 훈련을 해 보는 것도 좋다. 친구들이나 가족들과 함께 몸으로 표현하고 단어를 맞추는 퀴즈를 진행해 보는 것이다. 말이 아닌 몸과 표정으로만 설명해 보자. 몸이 많이 굳어 있거나 몸 쓰는 게 힘든 사람들은 스피치를 할 때 손을 어떻게 해야 하는지 막연한 때가 있다. 몸으로 표현하는 훈련을 하다 보면 어느새 자신의 몸과 표정의 긴장이 풀리고 편해져 있는 것을 발견할 것이다.

사람들을 많이 관찰해 보는 것도 좋다. 사람들의 표정과 행동을 보면 얼굴이 무표정이거나 굳어 있는 사람도 볼 수 있고 표정이 좋은 사람도 볼 수 있다.

카페, 공원, 쇼핑몰, 버스나 지하철 등 사람들이 많은 공간에서 사람들이 자연스럽게 행동하는 모습을 관찰해 보라. 그렇다고 너무 대놓고 관찰은 하지 말자. 관찰당한다는 것을 알게 되면 기분이 나쁘니까 말이다. 한 명만 뚫어지게 쳐다보고 응시하는 것이 아니라 다양한 사람들을 살펴보는 것이다.

넷플릭스 드라마 《폭싹 속았수다》에서 연기를 잘하는 한 명의 배우를 알게 되었다. '부상길'이라는 인물을 연기한 최대훈 배우이다. 최대훈 배우는 20대부터 30대, 40대, 그리고 노인에 이르기까지 다양한 연기를 하는데 그 연기가 모두 다 달랐다. 외형적인 분장으로 느껴지는 것뿐만 아니라 그의 연기와 표정에서 세월의 흐름을 느낄 수 있었다. 어찌나 연기가 찰지던지 세월의 흐름, 늙어 가는 모습을 표정, 대사의 톤, 걸음걸이, 옷차림 등을 통해 너무나 잘 표현했다.

인터뷰에서 그에게 어떻게 그렇게 나이대별로 표현을 잘했나? 물으니 대중교통을 이용할 때 자기가 맡은 역할과 비슷한 나이대를 보면서 관찰을 열심히 했다고 말했다. 연기자들은 역할을 맡으면 가장 먼저 대본과 캐릭터를 분석한다. 캐릭터 분석을 할 때 관찰을 빼놓을 수 없다. 스피치를 할 때 몸이 굳어 있다면 사람들을 많이 관찰하라. 관찰을 할 때 몸과 표정을 함께 관찰해라. 스피치는 몸으로만 하는 게 아니라 표정과 함께하는 것이기 때문이다.

새로운 사람들을 관찰하기 힘들다면 내 주위에서 표현력이 좋은 사람 한 명을 정해 관찰해 보는 것도 좋다. 이때는 지속적으로 관찰하는 게 좋다. 한 번만 관찰하는 게 아니라 만날 때마다 관찰을 하는 것이다. 표정과 몸 쓰는 것을 보면서 배울 점과 아쉬운 점을 생각하면 좋다. 내가 관찰하는 대상이 맛있는 음식을 먹고 난 후 어떤 표정을 짓는지, 부탁을 거절할 때는 어떻게 표현하는지 등을 관찰해 보자.

내성적인 사람들은 손을 쓰며 스피치 하는 것을 부끄러워하는 경우가 많다. 동작을 크게 하는 것에 불편함을 느끼기 때문이다. 이런 경우 주위에 외향적인 사람들을 가까이 두면 도움이 많이 된다. 사람은 곁에 누구를 두느냐에 따라 큰 영향을 받는다. 일부러 따로 관찰하려 하지 않아도 외향적인 사람들과 함께 있으면 에너지를 받아 목소리도 커지고 손동작도 커질 수 있다.

내가 아는 지인은 내향성이 강한 사람인데 주위에 외향성이 강한 사람들이 많다고 한다. 내성적이어서 말도 많이 안 하고 회식도 거의 참석하지 않았는데 외향적인 사람들과 함께하다 보니 어느덧 자신도 과거와는 달리 밝아지게 되었다고 했다.

내향적인 사람들로만 구성된 집단에서는 분위기와 환경에 적응이 되어 계속 내향적인 모습을 유지하게 된다. 의도적으로 변화를 주어야 한다. 평상시 혼자서 하는 독서나 뜨개질, 혹은 미술관에 가는 것이 취미 생활이었다면 활동적인 취미 생활을 해 보는 것도 좋다. 사람들과 함께할 수 있는 것을 찾아보는 것이다. 등산, 토론, 러닝 모임 같은 것도 좋다. 에너지가 많이 필요한 것들을 일부러 찾아서 해 보는 것이다.

반면에 에너지가 많이 필요한 공간에 가 보니 오히려 너무 기가 빨려 힘들다는 경우도 있다. 피곤함을 감내하면서까지 굳이 그럴 필요는 없다. 오히려 마이너스가 된다. 이럴 경우에는 앞서 알려 준 방법대로 사람들의 표정을 관찰하거나 지인들을 만났을 때 관찰하는 것만으로도 좋다.

긴장 풀기

대학교에서 조별 발표를 진행해야 했던 진선은, 조장으로 발표를 앞두고 학원에 찾아왔다. 얼떨결에 갑자기 조장을 맡게 되어 불안하다며, 대표로 발표를 해야 하는데 발표를 잘 못하면 조원들 모두 다 좋은 점수를 받지 못하기 때문에 걱정이라고 했다.

그녀는 울면서 스피치가 너무 두렵다고 했다. 첫 수업 시간에 얼마나 긴장을 했는지 온몸을 벌벌 떨었다. 스피치를 시작하기 전부터 닭똥 같은 눈물만 뚝뚝 흘리며 무섭고 두렵다고 말했다.

나는 진선에게 스피치를 시작하지 않아도 되니 우선 손만 움직여 보라고 주문했다. 손을 앞으로 뻗어 보기, 옆으로 뻗어 보기, 위로 올려 보기를 시켰다. 몸을 이완시키는 작업이다. 몸이 굳어 있으면 말이 나오기 쉽지 않다. 편하고 자연스러울 때는 몸이 경직되지 않는다. 불편할 때 어깨가 올라가고 몸이 굳는다.

뒤이어 몸을 푸는 훈련을 진행했다. 겨드랑이에서 팔을 떼고 손 옆면이 정면 거울에서 보이게 좌우로 움직여 보며 손에만 집중하라고 말했다. 그리고 물어보는 것에 짧게 답변하라고 주문했다.

강사: 이름이 뭔가요?
진선: 이진선입니다.
강사: 몇 살인가요?
진선: 22살입니다
강사: 집이 어디인가요?
진선: 서울 압구정입니다.

가벼운 질문에 답하며 손에 집중하라고 했더니 진선은 어느새 눈물을 흘리지 않고 차분하게 답변을 하고 있었다. 스피치는 모든 것이 연결되어 있다. 몸과 마음이 잘 연결돼야 스피치를 잘할 수 있다. 스피치를 잘하고 싶다면 몸을 써라. 손을 움직여라.

손을 쓰며 말하는 방법

1. 어깨선과 허리선 사이에서 손을 써라.

2. 손 옆면을 사용해라.

3. 펜을 사용하는 것도 좋다.

4. 숫자를 쓰면 똑똑한 스피치가 된다

숫자에서 시작되는 설득법

스피치를 할 때 숫자를 활용하는 경우가 있다. 주로 연설문이나 프레젠테이션 등 타인을 설득할 때 쓴다.

다음의 예를 살펴보자.

예문 1)
주제: 여가 시간을 효율적으로 보낼 수 있는 방법

여가 시간을 효율적으로 보내려면 시간을 절약해야 합니다. 그리고 나를 행복하게 해 주는 것들을 찾아 일주일에 한 번씩 시간을 투자해야 합니다.
또 사랑하는 가족과 함께해야 합니다.

예문 2)

주제: 여가 시간을 효율적으로 보낼 수 있는 방법

여가 시간을 효율적으로 보내기 위해서는
첫째, 시간을 절약해야 합니다.
둘째, 나를 행복하게 해 주는 것들을 찾아 일주일에 한 번씩 시간을 투자해야 합니다.
셋째, 사랑하는 가족과 함께해야 합니다.

같은 내용이지만 **예문1)**보다 숫자를 활용한 **예문2)**가 훨씬 전달이 잘된다. 스피치를 할 때 숫자를 활용하는 것은 이야기를 듣는 사람에게 "지금부터 이야기 시작하겠습니다. 들을 준비해 주세요."라고 미리 암시해 알려 주는 것이다.

숫자 활용은 전문성을 보여 주고 신뢰감을 줄 수 있는 스피치 방법 중 하나이다. 숫자, 서수를 활용해 스피치를 하면 내용을 더 깊이 있게 전달할 수 있다.

숫자 스피치를 활용할 때는 숫자 3을 생각하라. 가장 안정적인 숫자이다. 아침-점심-저녁, 서론-본론-결론, 무언가 결심하고 다짐하며 숫자를 셀 때도 하나-둘-셋이라고 말한다. 모두 다 숫자 3으로 진행된다.

애플의 전 CEO 스티브 잡스도 숫자 3의 법칙을 잘 활용했다. 그는 스탠퍼드대 졸업식 축하 연설에서 다음과 같이 말했다. "오늘 저는 여러분에게 내 인생에서 일어났던 세 가지 이야기를 하고 싶습니다. 별로 대단한 이야기는 아닙니다. 딱 세 가지입니다."

삼인성호라는 고사성어가 있다. '세 사람이 모이면 거리에 범이 나왔다는 거짓말도 꾸밀 수 있다.'는 뜻으로, 근거가 없는 말도 곧이곧대로 듣게 된다는 것을 뜻한다. 세 사람이 모이면 집단이 형성되어 주장에 힘이 실린다.

예전에 EBS의 〈인간의 두 얼굴〉이라는 프로그램에서 길을 걷다 교차로에 서서 하늘을 올려다보는 실험을 했다. 한 명이 하늘을 올려다볼 때와 두 명이 하늘을 올려다볼 때는 주위 사람들이 그닥 신경쓰지 않았다. 그런데 세 명이 하늘을 올려다보니 지나가는 사람들이 동요하며 쳐다보기 시작했다. 이 실험은 3의 법칙이 일상 곳곳에 스며들어 있음을 보여준다.

또, 숫자 스피치를 할 때는 서수뿐만이 아니라 정확도를 나타내는 수치가 들어가 있으면 나의 의견을 더 정확하게 전달할 수 있다. 가령 이런 것이다.

전년도에 비해 매출이 35% 성장했습니다.
우리가 전체 영업 실적에서 1위를 차지했습니다.

사람들은 구체적인 숫자를 더 오랫동안 기억한다. 때문에 스피치를 할 때 정확한 수치를 말해 주면 좋다.

문장 부호를 활용한 스피치

숫자 다음에 등장하는 문장 부호에도 신경을 쓰면 상대가 더 이해하기 쉽다. 숫자, 서수 다음에는 보통 쉼표(,)가 온다. 쉼표(,)가 있는 자리는 반드시 쉬어야만 한다. 스피치를 할 때 서수 다음에 쉬지 않고 바로 이어서 말하면 서수를 활용하는 효과가 반감된다. 충분히 쉼을 잘 살려줘야 한다.

글에는 느낌표(!), 쉼표(,), 마침표(.), 물음표(?), 줄임표(…) 등 다양한 문장 부호가 있다. 이런 문장 부호는 왜 있다고 생각하는가? 문장 부호들은 리듬과 의미를 부여하고 말을 오해 없이 전달한다. 정확한 의미와 감정도 함께 전달해 준다.

드라마 작가들은 대사를 쓸 때 '(울먹이듯이…) (호탕하게!)' 같은 지문(희곡에서 인물의 표정, 심리 등을 서술)에 부연설명을 쓴다. 지문에는 연기자들이 연기의 느낌을 잘 살려 주길 바라는 작가의 의도가 담겨 있다.

프레젠테이션을 할 때에도 마찬가지로 의도를 정확히 파악하여 스피치를 준비하면 훨씬 더 설득력 있게 프레젠테이션을 진행할 수 있다. 더 듣기 좋은 스피치가 될 수 있다. 프레젠테이션이나 연설문을 작성할 때 당신이 전하고 싶은 메시지가 있을 것이다. 문장 부호를 활용하면 전하고 싶은 메시지를 더 잘 전달할 수 있다.

말의 느낌을 잘 전달하는 것이 좋은 스피치다. 스피치는 혼자 달리는 달리기가 아니다. 말은 상대와 함께해야 한다. 혼자 말하는 연설이나 강연에서도 상대방과의 호흡을 생각하며 해야 한다는 것이다.

다음을 한 번 살펴보자.

너!
너?
너.
너,
너…

같은 글자인데 느낌이 같은가? 결코 그렇지 않다. 상황별 예시를 한번 살펴보자!

● 너!

감탄문이나 감탄사의 끝에 쓴다. 놀라거나 항의할 때 주로 사용한다. 느낌표는 에너지가 느껴지는 문장 부호이다. 느끼는 감정을 바로 전달하기 때문이다. 말을 생생하게 잘 전달하고 말하는 사람의 열정을 느낄 수 있다. 말을 단조롭게 하지 않을 수 있다.

예시)
10년 만에 우연히 멋지게 변한 고교동창을 만나 감탄하는 상황에서 나오는 말투.
너! 고창석 맞아?

💬 너?

빈정거림을 나타내거나 불확실한 내용일 때 쓴다.
물음표는 사람들의 관심을 끌고 몰입을 높일 수 있다. 청중들의 참여를 유도하고 호응을 이끌 수 있다. 긴장감을 유발해 호기심을 일으킨다.

예시)
친구가 당신에게서 큰돈을 빌려갔다. 그런데, 당신은 그가 돈이 있음에도 빌려간 돈을 안 준다고 생각한다. 의심을 하며 말하는 말투.
너? 돈 있지?

💬 너.

문장 끝에 쓴다.
마침표는 안정감을 준다. 메시지의 무게감을 느끼게 한다. 문장에서 명확하게 마무리를 보여 주며, 속도와 리듬을 조절한다. 다음 문장으로 들어가기 전에 마침표에서 호흡을 길게 쓰면 강한 메시지를 전달할 수 있다.

예시)
고민이 있는데 친구가 곁에 있어 줘서 너무 고맙다는 말투.
언제나 내 편인 너.

💬 너,

문장 중간에 쓰거나 끊어 읽는 곳을 나타낼 때 쓴다.
쉼표는 문장에서 호흡을 조절한다. 말의 리듬을 살린다. 청중의 이해를 돕는다. 쉼으로써 내용을 자연스럽게 표현하고 전달할 수 있다.

예시)
동생과 집에 단둘이 있다. 누나는 동생에게 요리를 해 주고 싶다. 동생이 어떤 음식을 먹고 싶은지 잠시 쉬면서 다음 말을 준비할 시간을 주고 편하게 부르는 말투.
너, 점심 뭐 먹을래?

💬 너…

말이 없음을 나타낼 때나 머뭇거릴 때 쓴다.
줄임표는 여운과 여유를 느끼게 해 준다. 감정을 유지시켜 준다. 직접적인 감정 표현보다 여백을 주어 감정을 표현한다. 긴장감과 기대감을 유발시킨다.

예시)
10년을 사귄 연인. 헤어지고 싶은데 상대방이 어떻게 반응할지 몰라 스스로도 긴장하는 말투.
너… 랑 헤어지고 싶어.

어떤 문장 부호를 사용하느냐에 따라 느낌이 달라진다. 작가들은 글을 쓸 때 의미 전달을 위해 문장 부호를 생각하며 한 줄 한 줄씩 글을 적어 나간다. 말하는 화자는 반드시 이러한 것들을 생각하고 스피치를 해야 한다. 그래야만 청자에게 본인의 의도를 제대로 전달할 수 있기 때문이다.

숫자와 문장 부호에 신경 쓰며 스피치를 하면 전달력을 높일 수가 있다.

스피치를 할 때 활용성 좋은 문장 부호는 물음표라고 말하고 싶다. 프랑스 정치가 가스통 피에르 마르크는 '무슨 답을 하는지보다 무슨 질문을 하는지를 통해 사람을 판단하라.'라고 말했다.

질문을 한다는 것, 상대에게 묻는다는 것은 적극성을 어필할 수 있으며 경청을 하고 있다는 의미도 담고 있다. 상대방의 이야기를 듣고 내용을 잘 알아야 질문을 할 수 있는 것이다. 그리고 질문을 한다는 것은 내가 당신의 이야기에 함께하고 있다는 것을 암시하기도 한다. 둘이 대화할 때 한 사람만 말을 계속하고 다른 한 사람은 듣기만 하며 상대에게 묻지도 않는 것은 대화가 아니다. 그 대화가 이어지겠는가? 대화를 할 때는 물음표를 활용하면 이점들이 많다.

또 스피치를 할 때 신경 써야 하는 것이 마침표이다. 마침표의 의미는 말 그대로 마친다는 것이다. 멈춤, 즉 끝났다는 표시다. 문장 마지막 끝에 오는 마침표에서 말을 마치고 난 후 다음 말을 이어가야 듣는 사람도 편하고 말하는 사람도 편하다.

하지만 책을 소리 내서 읽을 때도, 회사에서 발표를 할 때나 일상 대화에서도 마침표를 신경 쓰는 사람이 드물다. 다들 너무 빠르게 말을 한다. 마침표에서 1~2초 정도 쉬고 난 후 다음 문장으로 이어가면 훨씬 여유 있고 듣기도 좋은데 이 부분을 간과하는 사람이 많다. 성격이 급한 사람들은 놓치기 쉽다. 말은 천천히 여유 있게 해야 한다. 마침표에도 신경 쓰자.

설득을 해야 하는 상황에서는 마음이 급해지고 빨라지다 보니 말도 빨리하는 경우가 있다. 좋아하는 책 한 권을 정해 마침표에 신경 쓰면서 천천히 읽는 훈련을 하면 좋다.

숫자를 활용하여 스피치 하는 방법

1. 숫자 3의 법칙을 생각하라.

2. 정확도를 나타내는 수치를 활용하자.

3. 문장 부호를 활용하자.

제3장

스피치를 잘하면 인정받는 사람이 된다

1. 인정의 욕구를 파악하면 스피치가 쉬워진다

인정 욕구에서 시작되는 스피치

사람은 누구나 인정받고 싶어 하는 존재다. 스피치를 잘하고 싶은 것도 인정받고 싶기 때문 아니겠는가? 회사나 학교 어디서든 스피치 잘하는 모습을 보여 주고 싶고 인정받고 싶은 것이다.

남에게 인정받는 것도 물론 중요하지만 더 중요한 것은 자기 자신에 대한 인정이다. **스피치를 잘하려면 나에 대한 인정과 타인에 대한 인정을 모두 해야 한다. 이 중 나에 대한 인정이란 나를 부정하지 않고 온전히 받아들이는 것이다.**

나에 대한 인정을 다른 말로 자기 수용이라고 한다. "나는 말에 대한 두려움이 있는 사람이구나. 이걸 극복하면 잘할 수 있겠지."라고 생각하고 자신의 단점을 부정하지 않고 인정하는 것이다. 부정하는 순간 스피치는 발전할 수 없다. 항상 칭찬만 받던 사람은 자신의 부족한 부분을 인정하기 싫어하는 경우가 있다. 부족한 부분은 인정하되 나는 더 가치 있는 사람이 될 수 있다는 긍정적인 생각이 중요하다.

자기 수용을 하면 타인의 시선에 휘둘리거나 타인의 인정을 갈구하지 않아도 된다. 다른 이들이 아닌 내가 1순위이고 내가 가장 중요한 것이다. 내가 있고 남이 있다. 결과물이 좋지 않았을 때 남들이 인정해 주지 않아도 "나 잘했잖아. 나 노력했어. 나 괜찮은 사람이야."라고 스스로를 인정해 주면 당신의 삶을 건강하게 지킬 수 있다.

자기 수용은 자존감을 높여 준다. 나를 존중하는 마음을 높여 주어 힘든 상황이 왔을 때 나를 지킬 수 있는 힘이 생긴다. 자존감이 낮으면 외부 상황에 일희일비하며 계속 흔들려 자신을 놓치게 된다.

자존감이 높으면 회복이 빨라진다. 몸과 마음의 회복은 빠를수록 좋다. 자기 수용에서 가장 중요한 것은 마인드 컨트롤이다.

긍정적인 마음으로 긍정적인 말들을 많이 하자.

"난 왜 이럴까?"
"큰일났네. 원하는 대로 안 됐어."

가 아니라

"난 대단해."
"나 여기까지 해냈어."

등 긍정적인 말들을 많이 해야 한다.

내가 하는 말을 내가 듣고, 내가 하는 말이 나를 만든다. 내가 하는 말을 통해서 내가 바뀌는 것이다.

자기 수용이 필요했던 민규

자기 수용을 하려면 욕심을 버리고 마음을 편히 가져야 한다. 보통 완벽주의자들은 자기 수용이 힘들다. 다른 사람들이 괜찮다, 그쯤이면 됐다, 잘했다, 라고 말해도 자신이 정해 놓은 기준이 너무 높다 보니 만족하지 못하는 것이다.

완벽하려고 애쓰지 말아라. 어릴 적부터 칭찬만 많이 받았던 어린이들은 성인이 되어서도 인정을 더 받기 위해 자신을 힘들게 더 몰아붙이는 경우가 많다. "더 잘해야 해." "내 목표는 여기까지 올라가는 거야. 그래야 성공한 삶이야."라는 생각이 많다. 늘 칭찬과 인정을 받던 어린이가 성인으로 성장한 뒤 힘든 상황이 닥쳤을 때 극복하지 못하면 큰 슬럼프에 빠지거나 인생을 포기하는 경우도 있다. 자신을 인정하지 못하는 것이다.

과학고를 졸업하고 의대를 다니는 민규. 그는 어릴 때부터 늘 영재 소리를 들었다. 공부를 열심히 하지 않아도 중학교 3년 내내 전교 1등을 유지했고 과학고에 진학했다.

그런데 고등학교에 가니 너무 힘들었다. 전국 각지에서 온 친구들이 자신보다 더 똑똑한 게 아닌가. 전교에서 늘 1등만 했던 민규는 너무 혼란스러웠다. 전교 1등을 놓치면 안 된다는 생각으로 안간힘을 쓰고 공부해서 의대에 들어갔다.

그런 민규에게 스피치는 늘 힘든 과제였다. 책상에 앉아서 공부만 열심히 하면 성적이 잘 나오고 다들 인정해 줬는데 스피치는 노력해도 되지 않았다. 대학교에 가니 발표 수업도 많고 교수님들 앞에서 프레젠테이션을 해야 하는 상황도 많았다.

중고등학교 때는 공부만 열심히 하면 결과가 좋았는데 대학교에 와서 난관에 부딪혔다. 말을 많이 해야 하는 수업들은 민규에게 너무나 큰 고통이었다. 많은 학생과 교수님이 지켜보고 있는데 발표를 하려고 하니 입이 떨어지지 않았다. 그 자리를 박차고 나오고 싶었지만 그러지 못했다. 자기는 똑똑하고 늘 인정받고 다 잘하는 사람인데 이렇게 많은 사람 앞에서 말을 못한다는 게 말도 안되는 상황이라 느껴 너무 창피했다고 말했다. 뭐든 노력하면 노력한 대로 결과가 좋게 나왔는데 이런 경우는 처음이라며 힘들어했다.

민규는 자신의 모습을 인정하지 못했다. 인정하기 싫어했다. 자신의 모습을 인정하지 못하니 더 괴로웠다. 스피치 학원에 오는 것도 자존심이 허락지 않았다고 한다. 스피치 학원은 말을 못하는 사람들이 가는 곳인데 내가 말을 못한다고? 나처럼 똑똑한 아이가? 의사가 될 내가? 늘 칭찬만 받았던 민규는 친구들과 대화할 때도 늘 자신의 주장이 맞다고 생각하는 아이였다. 그렇다 보니 자기 자신의 모습을 더 받아들이기 어려웠다.

그에게는 자신을 객관적으로 바라보는 자세와 자기 수용이 필요했다. 나는 인지를 시켜 주었다. 대학교 진학 후 발표를 못했을 때의 모습과 고등학교 시절 전교 1등으로 모든 사람에게 인정받던 그의 상반된 모습을 냉정하게 객관화시켜 보여 주고 자기 수용 훈련을 했다. 발표를 잘하지 못했을 때를 후회하기보다는 그 모습을 통해 발전된 모습을 상상하게 했다.

과학고에 입학해 처음에는 힘들었지만 열심히 공부해 전교 1등을 했을 때와 마찬가지로 노력하면 스피치도 얼마든지 잘할 수 있다고 말했다. 그리고 발표를 망쳤을 때의 모습도 사랑하라고 했다. 얼마든지 변화할 수 있다고 말이다.

민규는 어느새 자기 자신을 수용하게 되었다. 자신을 믿고 스피치 훈련을 하더니 스피치 두려움이 아예 없어지고 발표를 잘하게 되었다.

당신이 민규와 같은 상황에 처해 있다면 먼저 당신의 스피치 실력을 객관화하여 인정하라. 그 후에 상대방의 의견도 받아들이고 인정할 준비를 해라.

상대방을 인정하려면 내가 맞고 당신은 틀리다가 아닌 당신은 틀린 게 아니라 나와 다르다, 라는 생각을 갖고 대화를 하는 것이 바람직하다.

서로를 인정해야 하는 이유

연인이 다툰다. 다투지 않기 위해서는 인정을 해 주면 된다. 부부가 다툰다. 마찬가지로 서로를 인정해 주면 다투지 않을 수 있다. 엄마와 아들, 상사와 부하 등 사람과 사람 사이에서는 인정을 해 주면 서로 화낼 일이 없다.

어느 날 교육생이 여자 친구와 크게 다투었다며 하소연을 했다. 아직 결혼 준비가 안 되었는데 여자 친구는 자꾸 결혼을 하자고 해서 의견 차이가 생겼다는 것이다. 이야기를 들어보니 여자 친구와 그는 40살 동갑내기였다. 물론 그는 여자 친구를 많이 사랑하고 좋아한다. 결혼도 생각하고 있었다. 하지만 모아둔 돈도 없고 이제 막 이직해서 아직 직장에서 자리도 제대로 못 잡았다 보니 현실적으로 아직 준비가 안 됐다고 느꼈다. 아직 준비가 안 되었는데 자꾸 결혼 이야기를 하니, 여자 친구가 자기를 이해해 주지 못해서 힘들다고 했다.

그런데 사실 화낼 일이 아니다. 여자 친구의 입장을 인정해 주면 되는데 자신의 입장만 고수하고 있는 것이다. 여자 친구도 조급할 것이다. 주위 친구들이 결혼도 하고 아이도 출산하는 모습을 보면서 느끼는 것들이 있을 것이다. 그녀의 부모님이 결혼을 재촉할 수도 있다. 한국 나이로 40살이 된 딸이 남자 친구는 있지만 결혼을 계속 안 하고 있으면 그녀의 부모는 걱정이 될 수도 있다. 이런 모든 상황을 인정하고 이해해 주면 되는데 그는 자신의 화나는 감정만 생각하고 있다. 여자 친구의 입장을 이해하고 인정해 주면서 대화를 하면 의견 차도 좁힐 수 있다.

인정을 하면 타인을 이해할 수 있고 배려하며 서로 간에 기분도 상하지 않을 수 있다. 인정을 하자.

부부가 의견 차이로 다툰다. 봄을 맞이해 가구를 새롭게 바꾸고 싶다는 아내의 말에, 남편이 다짜고짜 "돈 드니까 바꾸지 마!"라고 대답해 버린 것이다. 아내는 무시당한 것처럼 느껴져 기분이 나빠졌다. 아내의 마음을 인정하고 헤아리면서 비용이 드니 나중에 바꾸는 게 어떻냐는 식으로 말하면 얼마나 상냥하고 듣기 좋지 아니한가? 나의 의견을 기분 좋게 상대방에게 전달할 수 있지 않은가?

사람이 외롭고 힘들 때 타인에게 하소연을 하는 근본적인 이유는 그 문제를 해결해 달라는 것이 아니다. 내가 지금 힘들고, 내 마음이 지금 이렇다는 것을 알아주기를 바라는 것이다.

모든 인간에게는 인정받길 원하는 본능이 있다. 마찬가지로 우리는 업무가 힘들다거나 월급이 적다는 등 회사 다니기 힘든 이유를 다양하게 제시할 수 있다. 그럼에도 불구하고 계속 회사를 다니는 이유 중에는 인정받는 느낌이 한몫하지 않을까?

앞서 말했듯 인간은 누구나 인정욕구가 있다. 생존을 위한 본능적 욕구인 식욕과 수면욕만이 중요한 것은 아니다. 인정욕구도 꼭 필요한 심리적 욕구이다. 누군가에게 인정받는 것은 뛰어나다는 가치를 인정받는 것이다. 스피치를 잘하고 싶은 욕망이 있는 것도 사람들에게 인정받기 위함이 아닌가?

미국의 철학자이자 심리학자 윌리엄 제임스는 인간이 가진 본성

중 가장 강한 것은 인정받고자 하는 욕구라고 하였다. 자신이 의미 있는 존재임을 존중받고자 하는 욕구가 크다고 말했다. 스피치를 잘하고 싶은 것도 나의 의견을 다른 사람들이 인정해 주길 원하기 때문이다. 나의 말을 듣는 사람들이 나로 인해 설득이 되고 내 말을 받아 주길 원하는 것이다.

세상에는 정답이 있는 것보다 없는 것이 훨씬 많다. 나는 맞고 타인은 틀리다, 라고 생각하는 순간 내가 틀린 것이다. 개방적인 사고방식, 열린 사고방식으로 대화를 하자. 빨간색이 더 예쁜 색깔인가? 노란색이 더 예쁜 색깔인가? 정답은 없다. 각자 느끼는 게 다른 것이다. 짬뽕이 더 맛있는 걸까? 된장찌개가 더 맛있는 걸까? 정답은 없다. 서로 다름을 인정하자.

사람들은 인정을 받기 위해 저마다 많은 노력을 한다. 어릴 때부터 우리는 부모님에게 칭찬받기를 원하고 좋아했을 것이다. 성인이 되어서도 직장 상사에게 칭찬받으려 한다. 인정받고 싶은 것이다. 사람은 누구나 인정을 받는 순간 자신이 대단한 사람이라는 생각을 하게 된다. 다르다는 것을 인정하고 서로를 인정해 주자. 인정해 주는 것은 아부와는 다르다. 잘 보이려고 굽신거리는 건 아부지만, 인정하는 것은 사실을 존중하고 긍정해 주는 것이다.

나는 아프리카 속담 '혼자 가면 빨리 가지만 함께 가면 멀리 간다.'는 말을 좋아한다. '함께'는 나와 너 그리고 우리라는 의미가 포함된다. 나도 인정, 너도 인정, 우리도 인정한다면 함께 가는 것이다. 이 세상에 혼자서 되는 건 아무것도 없다.

나는 이 책이 스피치가 힘든 많은 분들에게 도움이 되길 바란다. 모두 함께 다 잘되고 모두 스피치를 잘했으면 좋겠다. 이 한 권의 책이 나오기까지 출판사 대표, 편집자, 디자이너 등 많은 사람의 노고가 들어간다. 혼자 되는 건 아무것도 없다. 함께하는 것이다. 각자의 능력과 가치로 한 권의 책이 나오는 것이다. 서로를 인정하자. 인정을 해 주면 나도 너도 우리도 모두가 행복해진다.

우리는 사람들을 만나면 말을 한다. 말은 그 사람에 대한 이미지를 바꾸고 한 사람을 판가름하는 데 영향을 준다.

말하지 않는 만남은 없다. 특히나 내가 관심 있어 하는 사람 앞에서는 더욱더 말을 많이 하게 된다. 상대에게서 자신의 존재를 인정받고 싶어 하는 경우가 크다.

타인에게 인정받고 싶다고 너무 애쓰지 말라. 앞서 말했지만 가장 중요한 건 내가 나를 사랑하는 것, 수용하는 것이다. 그다음이 타인에 대한 인정이다. 인정의 욕구를 생각하라.

당신은 당신을 잘 인정하는 편인가? 자신을 인정한다는 의미는 온전히 자신을 받아들인다는 뜻인데 사실 자신을 객관적으로 인정하는 건 결코 쉬운 일이 아니다. 장점과 단점을 수용하고 자신을 인정해 주자. 존중해 주자. 남과 비교하지 않고 존재 자체로 인정하는 것이다. 나의 강점뿐만 아니라 단점까지도 인정하는 것이 진짜 자신을 인정하는 것이다. 자기 자신을 인정하기 위해서는 설령 실수를 하더라도 자책하지 않고 배움의 기회로 생각해야 한다.

그리고 비교를 멈춰야 한다. 비교만큼 자신을 불행하게 만드는 것도 없다. 자신의 강점과 단점, 그리고 단점을 극복하거나 개선할 수 있는 방법을 함께 적어 보자. 또 타인으로부터 가장 크게 인정받았던 경험도 생각해 보자. 타인에게 받은 인정과 칭찬은 자존감을 향상하고 도전 의욕을 고취시킨다.

인정하는 방법

1. 먼저 자신을 인정하자.

2. 상대방을 인정하자.

3. 강점과 단점을 적어 보고 개선할 수 있는 방법을 적어 보자.

2. 연기하듯이 스피치를 하면 살아있는 스피치가 된다

연기인가, 스피치인가

연기하듯이 스피치를 한다는 것은 연기자들처럼 표현을 잘하고자 함을 의미한다. 연기자들의 연기는 일상에서 우리가 표현하는 것보다 과장된 것이 많다. 또한 이들이 연기를 통해 감정을 전달할 때면 일반인들이 말할 때보다 훨씬 더 전달이 잘 된다. 그들의 직업이 연기자이기 때문이기도 하지만 정확한 이유는 감정선에 차이가 있기 때문이다.

당신도 연기자들처럼 표현력 좋게 스피치를 할 수 있다. 몰입을 하면 표현력이 좋아진다. 몰입해서, 본인의 감정을 녹여서 표현을 해야 한다.

연기하듯이 스피치를 할 수 있는 훈련 방법을 알려 주겠다.

첫 번째, 연기력을 인정받은 배우의 영상을 보는 것이다. 자신의 성별과 같은 배우의 영상을 보아라. 남자는 남자 배우의 영상을, 여자는 여자 배우의 영상을 찾아보아라. 여우주연상, 남우주연상을 수상했거나 후보에 오른 배우들처럼 연기력 좋은 배우들의 영상을 찾아보는 편이 실력 향상에 더 도움이 된다. 또는 자신이 평소 좋아하는 배우의 영상을 보는 것도 좋다. 좋아하는 배우의 모습을 보면 몰입이 더 잘되고 극중 상황을 이해하기 쉽다. 그들이 출연했던 영상들을 많이 보다 보면 자연스럽게 감정을 어떻게 표현하고 어떻게 연출하는지 확인할 수 있다.

두 번째, 연기자들의 목소리에 집중해서 들어 보는 것이다. 모습을 보지 않고 음성만 들으면 감정을 훨씬 더 잘 느낄 수 있다. 예전에 한참 라디오 드라마가 인기였던적이 있다. 드라마를 목소리로만 청취자들에게 선보였는데도, 그때 당시의 청취율은 굉장히 높았다. 얼굴이 보이지 않아도 음성만으로도 청취자들에게 내용과 감정이 고스란히 전달된 것이다. 유튜브 검색을 하면 배우들의 영상과 목소리를 쉽게 찾을 수 있다.

세 번째, 연기자들의 짧은 대사를 혼자서 연습해 보는 것이다. 연습 후 본인의 목소리를 녹음한다. 내 목소리와 배우의 목소리를 들어 보면 감정선과 목소리에서 많은 차이가 나는 것을 알 수 있다. 표현력이 남들보다 떨어지거나 상대방에게 본인의 감정을 어떻게 표현해야 하는지 모르는 사람들에게 굉장히 효과적이다.

우리 학원에는 연기 스피치라는 교육 과정이 있는데 감정선을 끌어올려 감정과 상황을 담아 말하는 스피치 훈련이다. 슬픈 상황을 가정해 스피치를 하거나 기쁜 상황을 생각하며 이야기하는 것이다. 연기 스피치는 기쁘고 화나고 슬프고 즐거운 감정을 스피치에 녹여야 한다.

우리는 살아가면서 다양한 감정을 느낀다. 기쁠 때, 슬플 때, 화날 때, 즐거울 때가 있다. 내용도 중요하지만 내 느낌을 잘 전달해야 진정한 스피치라 할 수 있다. '희, 노, 애, 락'의 감정을 잘 느낄 수 있게 표현하는 법을 배워 보도록 하자.

희: 喜(기쁨)

기쁠 때를 생각해 보자.

기쁘면 먼저 웃음이 나오고 입꼬리가 올라간다. 사랑하는 사람과 함께 맛있는 음식을 먹을 때, 자녀가 반에서 1등을 했을 때, 기대치 못한 선물을 받았을 때 느끼는 감정은 무엇인가? 기쁨이다.

기쁠 때는 음성이 상냥해지고 입꼬리가 올라간다. 기쁜 감정이 생기면 표현을 해라. 입꼬리를 올리며 웃으면서 말해 보아라.

노 : 怒(화)

화나는 감정을 일컫는다.

사람은 누구나 화날 때가 있다. 화가 날 때는 당연히 화라는 감정을 품는다. 그렇다면 화나는 감정을 갖고 있는 모든 사람이 화를 낼까? 그렇지 않다. 화를 내는 사람이 있고 화를 내지 않고 참는 사람이 있다. 화가 난다면 무조건 참지만은 마라. 화가 난다고 성질을 내라는 것이 아니다.

화가 나면 먼저 본인의 감정을 잘 살펴보고 타인에게 혹은 자기 자신에게 말을 해 보아라. 사람들은 힘든 감정, 슬픈 감정, 화나는 감정들을 절제하고 드러내지 않으려 하는 편이다. 적당히 화를 표현하는 것은 화를 계속 참는 것보다 한결 낫다. 주위를 둘러보면 남에게 싫은 소리 하나 못하고 거절을 못하는 사람들이 있다. 부탁을 하면 무엇이든지 다 들어주고 대부분 참는 스타일이다. 본인의 감정을 표현하지 않으면 존재 가치와 자신감이 떨어지게 된다. 표현해라. 성질을 내라는 것이 아니라 본인의 마음 상태를 알고 적당히 표현을 하라는 것이다. 화날 때는 미간을 써 보자.

애 : 哀(슬픔)

애라는 감정은 슬픔을 말한다.

슬플 때는 표정이 바뀌고 호흡도 바뀐다. 연기자들의 슬픈 연기를 보면 금방 알아차릴 수 있다. 슬플 때는 목소리가 울먹이고 떨리며, 한숨이 나오고 입꼬리가 내려간다. 입꼬리를 내리고 말해 보자.

락 : 樂(즐거움)

즐거움은 기쁨과 비슷한 감정이다. 입꼬리가 올라간다. 즐거움을 느낄 때에는 마음껏 크게 한 번 웃어 보아라. 재미있는 유튜브 영상을 볼 때 자신도 모르게 크게 웃는 것처럼! 만약 당신이 혼자 있을 때는 크게 웃지만, 감정 표현에 서툴러 다른 사람과 함께 있을 때는 손으로 입을 가리며 미소만 짓는다면 이런 모습은 지양하길 바란다. 숨기지 말고 입꼬리를 올리면서 마음껏 웃어 보아라.

본인의 감정을 표현할 때는 눈치를 보지 말아야 한다. 남의 시선을 너무 신경 쓰지 말라는 것이다.

"내가 울면 남들이 날 우습게 볼까?"
"내가 화내면 친구들이 이상한 성격이라고 생각하겠지?"
"내가 이렇게 기쁜 내색을 보이면 다들 날 질투할 거야."
"내가 즐거워서 웃는 건데 웃음소리가 이상하다고 수군대면 어쩌지?"

이런 생각을 버려야 한다. 본능에 충실하고 그 감정에 충실해야 한다. 외향적인 성향의 사람들은 내향적인 사람들보다 '희, 노, 애, 락'의 감정을 잘 표현하는 편이다.

내향적인 성향의 사람들은 어색하고 주저하여 표현하기를 어려워한다. 내 안의 다양한 감정들을 찾아 표현해 보길 바란다. '희, 노, 애, 락'의 감정을 끌어내기 위해서는 두려워도 시도해야 한다. 남의 시선을 신경 쓰지 말고 적극적으로 변화시켜 나가야 한다. 하루, 이틀, 일주일, 한 달, 두 달, 일 년. 이렇게 시간이 지남에 따라 어느 순간 당신의 굳은 얼굴은 환하게 바뀌어 있을 것이고, 자신의 감정에 더 충실해질 것이다.

표현력이 풍부하면 스피치를 할 때 훨씬 더 생동감 있게 잘 전달할 수 있다. 모든 스피치의 기본은 정확한 발성과 발음, 진정성이며 이 기본이야말로 스피치를 하는데 굉장히 중요하다. 말하는 사람의 감정이 잘 묻어나야 상대가 진정성을 느낄 수 있다.

네 번째, 표정을 쓰며 스피치를 해 보는 것이다.

성우들도 더빙을 할 때 연기를 한다. 우리에게는 목소리밖에 안 들리지만, 더빙할 때에도 성우들은 얼굴 표정, 손짓, 몸짓을 통해 TV 속의 연기자들처럼 연기를 한다. 화를 내는 장면, 우는 장면, 웃는 장면 등 모든 장면에서 얼굴의 표정을 쓰고 손을 움직인다. 스피치를 잘 하고 싶은가? 그럼 연기하듯이 스피치를 해 보아라. 표정을 쓰며 스피치를 하면 내 마음을 상대에게 잘 전달할 수 있다.

물론 포커페이스가 가능한 사람도, 남들이 알아채지 못하도록 자신의 심리 상태를 조절하는 사람도 있지만 그래도 사람의 감정은 얼굴에 나타날 수밖에 없다. 일상에서의 감정들을 얼굴로 표정 지으며 스피치와 함께 해 보자.

마지막으로 상황에 몰입하면서 스피치를 해 보는 것이다. 연기자들은 슬픈 장면에서 감독의 큐 사인이 떨어지기가 무섭게 눈물을 흘린다. 상황에 몰입해 연기하기 때문이다. 연기하듯이 스피치를 한다는 것은 상황에 맞게 몰입해서 스피치를 하는 것을 말하기도 한다. 지금 바로 연기하듯이 스피치를 해 보아라.

트라우마

감정 표현이 서툴거나 힘든 사람들은 어릴 적 환경이나 트라우마로 인해 감정을 숨기거나 드러내지 않는 경우가 많다. 트라우마라는 말은 그리스 어원으로 상처라는 뜻이다. 과거에 겪었던 공포의 경험과 비슷한 순간이 발생했을 때 심리적 불안을 겪는 것을 말한다.

가족이나 가까운 사람들로 인해 트라우마가 생기면 마음의 문을 닫게 된다. 특히 영유아기 때 부모의 사랑과 보살핌을 받아야 하지만, 부모가 역할을 해 주지 않으면 아이는 감정을 억누른다.

아이가 무언가를 했을 때 칭찬받을 만한 일이면 칭찬을 해 주고 잘못한 일이라면 따끔하게 훈육해야 한다. 하지만 부모가 아이의 행동에 반응을 해 주지 않으면 아이는 표현을 하지 않게 된다. 더 나아가 회피형으로 성장하게 될 확률이 크다. 감정을 억제하거나 사람들과 거리를 두어 친밀한 관계를 유지하기 어렵게 된다. 아이는 부모의 외적인 모습만을 닮지 않는다. 부모가 하는 행동과 모습을 보고 배우고 자란다. 마찬가지로 아이는 부모의 모습을 보며 감정 표현을 하는 법을 배운다. 부모가 감정 표현을 잘 안 하는 경우에도 아이들은 그 모습을 보고 닮아간다. 무표정한 얼굴을 보고 자란 아이는 어른이 되어서도 무표정한 얼굴인 경우가 많다.

또한 어린 시절 친구 사이에서 왕따를 당한 경우도 감정 표현에 영향을 미친다. 왕따를 당한 아이들은 그 트라우마로 인해 눈치를 보며 감정 표현을 잘 하지 못한다.

트라우마가 있는 사람은 언젠가 같은 사건이 또 반복될 것 같은 느낌을 받으며, 감정이 마비된다. 그러니 감정 표현이 잘 되지 않는다. 심리적 트라우마가 계속되면 일상생활에 큰 영향을 미쳐 생활도 잘 되지 않는다.

연기하듯이 스피치를 하면서 표현을 하면 사람들은 당신의 마음을 더 잘 읽을 수 있다. 교감이 잘 되기 때문이다. 당신이 말을 할 때 당신의 진심을 잘 알 수 있다. 생생하게 전달할 수 있다.

스피치를 잘하고 싶다면 설명과 설득을 조화롭게 하는 게 좋다. 설명은 정보 전달 위주로 논리적으로 하는 것이며, 설득은 감정을 바탕으로 공감을 끌어내는 것이다. 이해시키는 것이 설명의 목적이며, 설득은 행동을 유도한다. 연기하듯이 스피치를 하면 설득에 효과적이다.

비언어적 커뮤니케이션이 중요하다는 것은 앞서 말했다. 연기하듯이 스피치를 하면, 즉 감정 표현을 잘하면 비언어적인 커뮤니케이션 부분을 잘 활용하고 있는 것이다.

뮤지컬 배우들을 떠올려 보자. 뮤지컬 배우들은 보통 연기를 할 때 광대가 올라간다. 감정을 얼굴 표정에 싣는 것이다. 대사를 하거나 노래를 할 때 감정을 싣는다. 그리고 곧 표정으로 드러난다. 입꼬리가 함께 올라가 있다.

연기하듯이 스피치를 하고 싶다면 뮤지컬 배우들의 모습을 모니터하는 것도 좋다. 일반 사람들이 보기에 뮤지컬 배우들의 모습은 과장되어 보이고 너무 희화화되었다고 생각할 수 있지만, 표정이 많이 굳어 있는 사람들에게는 이러한 모습을 모니터하는 것이 도움이 된다.

평소 얼굴 표정이 굳어 있거나 감정 표현을 잘 하지 않는 사람들은 웃으며 말을 하는 것이 어색할 수 있다. 뮤지컬 배우들의 모습을 본 후 광대를 올리면서 웃으며 노래를 불러 보자. 거울을 보면서 미소 지으며 노래를 불러 보고 그 느낌을 살려 스피치를 해 보자.

스피치 모델링

그리고 스피치 모델링을 해 보는 것이 좋다. 내가 좋아하고 닮고 싶은 스피커의 모습을 관찰하고 따라 해 본다. 회사에서 프레젠테이션 발표를 잘하는 선배를 닮고 싶다면 내용 전개는 어떻게 하는지, 어떤 표현을 쓰는지, 비언어적인 요소는 어떻게 하는지 살펴보고 따라 해 보는 것이다.

주위에 말을 잘하는 사람이 없고 닮고 싶은 스피커가 없다면 말 잘하는 MC나 유명인을 따라 해 보는 것도 좋다.

말은 지식으로 하는 게 아니다. 지혜롭게 해야 한다. 많은 정보를 알고 있다고, 학력이 좋다고, 다른 사람들에 비해 아는 것이 많다고 말을 잘하는 것이 아니다. 말을 지혜롭게 한다는 것은 상대방을 존중하면서 상황에 맞게 나의 마음을 잘 전달하는 것이다. 알고 있는 지식만으로는 사람의 마음을 살 수 없다.

누군가 나에게 기분 나쁜 질문을 하는 경우에는 발끈하며 바로 대답하는 게 아니라 잠시 생각을 하고 난 후 답변을 하는 게 좋다. 또한 말을 할 때 문장 안에 말이 너무 많아지면 상대는 무슨 말인지 잘 이해할 수 없다. 많은 말을 하기보다 간결하게 하는 게 좋다.

지혜로운 스피치는 상대의 마음을 여는 스피치이다. 말투에서 화난 감정을 드러내기보다는 왜 내가 화가 났는지 감정을 살펴보고 천천히 답하는 게 좋다.

연기하듯이 스피치 하는 방법

1. 연기력을 인정받은 배우 영상 보기

2. 배우들의 목소리를 들어 보기

3. 배우들의 대사를 연습해 보기

4. 표정을 지으며 대사 연습하기

5. 상황에 몰입해서 스피치 하기

3. 스피치 공포를 이겨내면 말을 잘할 수 있다

불안을 힘으로 바꾸기

스피치를 잘하고 싶다면 스피치에 대한 공포를 극복해야 한다. '공포'라는 말은 무섭고 두렵다는 뜻이다. 이 공포는 미래에 대한 불안에서 온다. 벌어지지 않은 상황을 미리 걱정하니까 불안하고 공포가 생기는 것이다.

스피치를 할 때 극복해야 하는 공포에는 크게 2가지가 있다. 30cm의 공포와 3m의 공포이다.

내가 앉아 있는 자리에서 엉덩이를 30cm 띄우는 순간 생기는 공포를 '30cm의 공포'라 한다. 발표를 시작하지도 않았는데 발표 차례가 다가오면 다가올수록 떨린다는 의미다.

30cm의 공포를 더 자세하게 살펴보자. 사람들은 대부분 말을 하는 것보다 듣는 것을 더 편하게 생각한다. 말을 하려면 주도적으로 스

피치를 해야 하고 남들 앞에 나서야 하기 때문이다. 친구들 사이에서도 말하는 사람은 계속 말을 하고 듣는 사람은 계속 듣는다. 연인 사이에서도 대화를 주도적으로 끌고 가는 이성이 있는가 하면 듣기만 하는 이성도 있다.

회사에서 프레젠테이션을 해야 하는 상황에서 내 순서가 다가오고 있다. 프레젠테이션이 아직 시작되지 않았고 엉덩이를 의자에서 들지도 않았는데 내 심장은 터질 듯이 빨리 움직이고 마구 떨린다. 마침내 나의 순서가 다가오고 엉덩이를 띄었다. 30cm 이상! 난 마구 떨리기 시작한다. 이것이 30cm의 공포이다.

30cm의 공포를 극복하기 위해서는 마음가짐이 굉장히 중요하다. 스피치 순서가 오기 전부터 마음속으로 다짐을 해야 한다.

"이건 아무것도 아니야. 내가 발표를 못한다고 날 함부로 대하거나 비난하는 사람은 없어. 아무도 날 비아냥거리거나 이상하게 보지 않아. 이건 그냥 내가 숨 쉬고 잠자고 밥을 먹듯이 편하게 하면 되는 거야. 아주 편하게."

편한 마음가짐이 중요하다. 부담을 갖거나 힘들게 떨면서 스피치를 할 필요는 전혀 없다. 남들의 시선은 중요하지 않다. 이 한 번의 스피치가 내 평생을 좌우하지는 않는다.

다음으로 3m의 공포란 발표하는 공간 3m 안에 청자가 있으면 스피치에 대한 공포심이 커진다는 말이다.

신인 아이돌이나 신인 가수가 첫 콘서트를 할 때는 규모가 큰 공연장에서 시작하는 경우가 많다. 올림픽 주경기장이나 사람이 많이 입장할 수 있는 큰 홀을 빌려 콘서트를 진행한다. 낮은 인지도에 비해 큰 공연장을 빌리는 이유는 소극장이나 작은 장소에서 공연을 하면 상대적으로 방송 경험이 적은 아이돌이나 신인 가수들이 불안해 하기 때문이다.

'시선 처리를 어떻게 해야 하나?'

'내가 노래 부르는 바로 앞에 관객들이 있는데 실수하면 어쩌지?'

'공연 후 토크를 할 때 말을 어떻게 해야 하지?'

하면서 작은 부분 하나하나에 많이 불안해한다. 3m 공포에 해당된다.

3m 안에서는 사람의 행동이 하나하나 잘 파악된다. 3m가 넘어가면 사람들의 눈동자도 작아지고 나를 응시하고 있다는 느낌도 덜 든다.

3m 공포를 극복하기 위해서는 대담해야 한다. 앞서 내가 학원 교육생들과 진행했던 '스피치 버스킹'을 해 보는 것도 좋다. 사람들이 많은 공간에서 스피치를 해 보는 것이다.

모르는 사람들에게 스피치를 하며 대담성을 기르면 좋다.

교육생 준석도 사람들 앞에서 자기소개 하나 못하는 수강생이었다. 하지만 '자신감 키우기' 훈련 중 하나인 '스피치 버스킹'을 통해 자신감이 몰라볼 정도로 향상되어 면접에 합격해 취업도 하게 되었다. 지금은 1인 방송에 도전해 볼까 생각 중이라고 한다.

'스피치 버스킹'을 할 때는 사람들 한 명 한 명 눈을 마주치며 스피치를 해 보자. 물론 낯선 사람들 앞에서 아이 콘택트를 하는 게 쉽지만은 않을 것이다. **아이 콘택트를 잘하기 위한 방법을 하나 제시하자면 인중을 보며 스피치를 하는 것이다.** 눈을 봐도 좋고 코끝을 봐도 좋고 그건 당신의 자유다. 나의 경우는 인중을 보는 편이다. 눈을 보면 상대방의 동공에 비친 내 모습이 보여 어색하기도 하고 상대방의 눈만 계속 쳐다보면 이야기를 듣는 사람이 민망함을 느낄 수도 있다. 그래서 나는 사람을 볼 때 인중을 본다.

인중을 보면 여러 가지 장점들이 있다.

일단 겸손해 보인다. 눈을 보면 고개가 올라가지만 인중을 볼 때는 고개가 아래로 내려가기 때문에 거만하지 않은 겸손한 이미지를 줄 수 있다.

또한 외적인 부분에서 이미지가 좋아 보인다. 방송인들은 대부분 카메라를 응시할 때 카메라 가운데 아래를 보는 경우가 많다. 나 또한 마찬가지이다. 카메라 가운데 아래쪽 부분을 사람의 인중 정도의 위치라 생각하면 된다. 그렇게 시선 처리를 하면 위쪽을 응시할 때보다 화면에 아름답게 잡힌다. 실제로 방송 모니터를 하면서 알게 된 나의 노하우이기도 하다.

마지막으로는 가장 중요한 이유이기도 한데 상대방과 대화를 할 때 눈을 볼 때보다 인중을 보면 덜 떨리고 시선 처리가 훨씬 매끄럽다. 인중을 보며 말하면 사람들이 자신이 눈이 아닌 인중을 보는 것을 눈치챌 것 같다며 걱정하는 경우가 있는데 절대 걱정 안 해도 된다. 상대방은 당신이 눈을 응시하며 말하는 줄 안다.

스피치가 두렵고 무서운가? 두렵다고 생각하는 순간 그 두려움이 현실로 찾아온다. 30cm의 공포, 3m의 공포는 애초부터 그대에게 없는 것이라 생각해라. 스피치를 잘하려면 스트레스를 받지 않되 유스트레스는 받는 게 좋다.

유스트레스(eustress)는 도전적인 상황에서 나오는 긍정적인 스트레스로, 수행 능력을 높이는 데 도움을 준다. 유스트레스는 받으면 스피치를 할 때 성취감을 느낄 수 있다. 발표를 하기 전에 느끼는 긴장감도 유스트레스로 받아들일 수 있다.

유스트레스를 활용해 스피치 실력을 발전시키기 위한 가장 좋은 방법은 우선 목표를 세워 놓는 것이다. 예를 들면 단순히 말을 잘하고 싶다는 마음으로 그치는 것이 아니라 2주 뒤면 프레젠테이션 발표가 있으니 그전까지 내가 스피치를 매일매일 하루 1시간씩 연습해야지, 라고 구체적으로 목표를 세우는 게 좋다. 스피치가 부담스럽다고 힘들어 하지 말고 생각을 전환하라.

"이번 발표를 통해 나의 다른 면을 확인해 볼 수 있어."
"긴장하는 게 아니라 나는 이 일에 관심이 많아서 잘하고 싶은 것뿐이야."

이렇게 말이다. 스피치 할 상황이 생기면 불편해하기보다 성장 기회라고 생각하자. 유스트레스를 활용해 더 발전적인 모습으로 변화해 보자. 발표하기 전부터 불편하다면 이렇게 생각하자. 누구나 다 발표하기 전에는, 주목받아야 하는 상황이면 당연히 떨린다. 나만 이러는 게 아니다.

스피치 공포심이 생길 때는 복식 호흡을 하면 좋다. 떨림과 긴장을 완화하는 데 복식 호흡이 도움이 된다.

스피치를 잘하고자 하는 욕심에 갑자기 완벽하게 잘하려는 생각을 하기보다는 소규모 그룹이나 친한 지인들 앞에서부터 연습을 하며 조금씩 발전해 나가자. 그리고 머릿속에서 시각화해 보자. 발표 시작 전에 발표를 성공적으로 마무리한 나의 모습을 상상해 보는 것이다. 발표가 끝난 후에는 설령 자신의 스피치가 마음에 들지 않더라도 예전에 비해 조금이라도 좋아졌다면 실망하지 말고 스스로를 칭찬해 주자.

반면, 유스트레스가 아닌 스트레스는 좋지 않다. 스트레스는 받지 않는 편이 제일 좋지만, 이미 받았다면 빨리 해결하는 게 좋다. 스트레스는 지쳤다는 신호이다. 쉬어 줘야 한다. 몸과 마음에 휴식 시간을 주어야 한다. 몸이 힘들 때 쉬듯, 마음이 힘들 때도 마찬가지로 쉬어야 한다.

스피치 때문에 스트레스를 받는다면 우선 마음을 편안히 먹고 쉬어라. 당장 내일이 발표날이라고 하더라도 단 10분만이라도 쉬는 편이

낫다. 쉬지 않고 계속 신경 쓰면 오히려 스피치를 더 못하게 된다.

내게 잠깐의 휴식을 주면서 생각을 정리하자. 내가 왜 스피치를 두려워하는지, 어느 특정 상황에서 가장 힘들어하는지, 무엇을 고치고 싶은지를 분석하고 생각해 보아라. 자기 자신은 자기가 제일 잘 아는 법이다.

스피치 기록 노트를 만들어 보자.

"나는 스피치를 할 때 특히 이런 상황에서 스트레스를 받는다."

"나는 어떻게 했을 때 스피치를 잘했다고 생각한다."

"나는 오늘 회의에서 이런 스피치를 해서 실망했다."

"오늘 면접에서 어떤 답변을 했는데 스스로 만족한다."

등 기록을 해 보는 것이다.

스트레스 해소 방법 중 하나로 걷기도 추천한다. 생각 정리가 안 되는 경우, 걸으면 생각 정리가 잘 될 때가 있다. 몸을 움직여 주면 스트레스를 덜 받는다고 한다. 정신과 의사들이 환자들에게 걷기를 처방할 정도로, 걷기는 정신 건강에 매우 좋다. 또 수면 리듬을 안정시키고 숙면을 취할 수 있게 한다.

공포를 완화하는 방법

30cm의 공포, 3m의 공포를 극복하려면 지금 내가 하는 이야기에 집중해야 한다. 스피치를 할 때 느끼는 공포는 많은 것들을 이리저리 생각하기 때문에 나타나는 것이다. 복잡하게 생각하는 순간 스피치는

힘들어진다. 단순하게 생각하고 내가 준비한 스피치를 하면 된다.

또 스피치를 완벽하게 하려는 모습을 지워라. 완벽이란 말에 맞는 스피치는 없다. 잘 나가는 MC 유재석과 전현무, 두 사람 모두 스피치를 잘하지만 그들의 스타일은 각각 전혀 다르다. 스피치에 완벽이란 것은 없다. 스피치를 완벽하게 하려고 하는 순간 스피치를 망친다. 자신이 준비한 대로만 하면 되고 설령 준비한 대로 되지 않더라도 진정성 있게 말하면 된다.

우리가 공포를 느끼면 몸에서 반응을 한다. 호흡이 빨라지고 어깨가 위로 뜨며 말이 빨라지고 눈동자도 마구 움직인다. 이는 교감 신경이 반응을 했기 때문이다.

자율 신경계를 구성하는 두 핵심 요소로는 교감 신경과 부교감 신경이 있다. 교감 신경이 긴장할 때, 스트레스나 공포심을 느낄 때 심장과 호흡이 매우 빨라진다. 부교감 신경은 몸을 안정시키고 회복시키는 역할을 한다. 심장과 호흡이 느려진다. 스트레스를 받으면 교감 신경이 발달한다. 이럴 때는 부교감 신경을 활성화시키면 좋다. 복식 호흡이 부교감 신경 활성을 도와준다. 명상도 많은 도움을 준다.

혼자 할 수 있는 방법으로는 얼굴 전체를 무표정으로 하고 근육을 움직이지 않고 미간에 힘을 풀어 버리는 것이다. 얼굴 근육은 교감 신경과 연결되어 있어, 얼굴을 이완하면 마음도 이완되고 편안해진다. 부교감 신경 활성을 위해서는 숙면이 매우 중요하다. 인간은 잠을 통해 회복하고 에너지를 충전한다.

잠자기 전에는 스마트폰 사용을 줄이고 따뜻한 물로 샤워를 하며 몸을 이완시켜 보자. 스트레칭을 통해 근육의 긴장을 해소하는 것도 좋다. 평소 몸을 따뜻하게 해 주면 부교감 신경을 촉진하는 데 도움을 준다. 몸을 따뜻하게 하면 말초 혈관이 확장되어 뇌가 안정된 상태라 느낄 뿐아니라 몸의 근육이 풀려 편안한 느낌이 든다. 족욕도 좋다. 혈관과 신경 말단이 발에 집중되어 있으니 따뜻하게 해 주자. 목이나 어깨 주변을 스트레칭하면서 마사지해 주면 근육이 이완되어 편안함을 느낀다.

나의 경우 아로마 오일 마사지를 자주 한다. 내 가방에는 아로마 롤러볼 오일이 항상 들어있다. 집과 학원, 그리고 가지고 다니는 파우치에 각각 하나씩 두고 사용한다. 아로마는 근육을 이완시키는 데 도움을 준다. 정서적 안정에 좋다. 긴장 완화와 수면 유도에 매우 효과적이다. 향을 맡는 것만으로도 부교감 신경이 활성화되어 심박수, 혈압, 스트레스 호르몬이 감소한다.

불안감을 줄이기 위해서 캐모마일차를 마시는 것도 추천한다. 캐모마일차는 고대부터 내려온 허브차로, 긴장 완화와 수면 유도, 소화 개선에 뛰어나다. 나는 알코올과 카페인에 민감해 술도 잘 못하고 커피를 마시면 잠을 못 잘 때가 많아서 주로 차를 마신다. 녹차나 홍차와 달리 카페인이 없는 캐모마일차는 내게 최고의 차라 할 수 있다.

캐모마일은 스트레스와 불안을 완화해서 심신을 안정시킨다. 교감 신경을 누르고 부교감 신경을 활성화시키기 때문에 캐모마일차는 자연산 진정제라 불리기도 한다. 평소 카페에 가서 커피나 달달한 음료를 자주 마시는 사람이라면 이제부터는 캐모마일차를 마셔 보길 바란다. 마음이 진정되고 편안해지는 것을 조금씩 느끼게 될 것이다. 글을 쓰고 있는 지금도 나는 캐모마일 차를 마시고 있다.

나는 교육생들에게 프레젠테이션 발표나 중요한 면접이 있을 때는 1주일 전부터 커피를 끊고 캐모마일차를 마시길 권한다. 커피는 각성 효과와 집중력 향상 등 좋은 점도 있지만 카페인이 있어 심장 두근거림과 속쓰림을 유발시킬 수 있다. 또 카페인에 의존하다 보면 커피를 마시지 않았을 경우 두통이나 집중력 저하가 올 수 있다.

스피치를 잘하고 싶다면 단순히 스피치 이론만 생각하는 게 아니라 실전 연습도 하고 나의 신경 세포, 나의 몸 컨디션 모두 다 최적의 컨디션으로 만들어 놓는 게 중요하다.

스피치 공포 극복 방법

1. 아이 콘택트를 할 때는 인중을 보며 말하자.

2. 스트레스는 받지 말되 유스트레스는 받자.

3. 완벽한 스피치를 하려는 마음을 버리자.

4. 눈치를 보면 말하기가 어려워진다

실수에 대한 두려움 극복법

눈치는 보는 것이 아니라 빨라야 한다. 눈치 보는 행동은 눈이 고개와 함께 가는 게 아니라 시선만 다른 쪽으로 돌리는 것이다. 다시 말하자면 몸의 방향과 눈의 방향, 고개의 방향이 함께 가는 것이 아니라 몸과 고개는 가만히 있고 눈동자만 움직여 보는 것이다.

스피치를 잘하고 싶다면 지금부터 더 이상 눈치 보지 않길 바란다. 눈치를 보지 말고 눈치 빠르게 행동해라. 눈치가 빠르다는 것은 센스가 있다는 뜻이다.

눈치를 보면 스피치를 절대 잘할 수 없다. 눈치를 보며 스피치를 한다는 것은 스피치에 자신이 없다는 것을 사람들에게 드러내는 셈이다. 내가 준비한 내용을 누가 설명하는가? 내가 설명한다. 누구보다 내가 가장 잘 알고 가장 잘 말할 수 있다. 내가 준비한 내용에 충실하게 스피치를 하면 되는데 사람들의 눈치를 보면서 말하면 내용에 집중할 수 없다. 남에게 끌려다니는 스피치를 하게 되는 것이다.

한 문장을 말하고 한 사람을 보면서 동태를 살피고 또 한 문장을 말하고 다른 사람의 동태를 살피고. 사람들의 반응에 따라 스피치가 달라진다면 진짜 스피치라고 할 수 없다. 내 실력 발휘를 할 수가 없다.

회사에서 프레젠테이션 발표를 할 때도 회사 윗분들이 발표를 듣고 있기 때문에 너무 잘해야 한다는 부담감에 늘 그들의 반응을 살핀다거나 면접을 볼 때 입사하고 싶은 마음에 면접관의 눈치를 본다면 망친 스피치가 된다.

스피치 교육생 중에는 스피치 실습을 할 때마다 원장인 나의 반응과 동태를 살피는 교육생이 있다. 또, 내가 교육생 피드백을 위해 메모를 하면 어떤 내용을 쓰는지 궁금해하며 내 메모만 쳐다보는 경우도 있다.

"원장님 앞에서 내가 잘하고 있는 건가?"

"내가 발표하면 피드백을 어떻게 주실까?"

생각하면서 스피치를 한다. 눈치를 보는 것이다.

스피치 할 때뿐만 아니라 일상에서도 눈치는 보지 않아야 한다. 사람들의 눈치를 보면 끌려다니는 삶을 살게 된다. 삶은 내가 끌고 가야 하는 것이지 타인에게 끌려다녀서는 안 된다. 사람들의 기준대로 사람들의 평가대로 남들이 어떻게 나를 볼까 하는 생각으로 살면 행복한 인생을 살 수 없다. 나로 살아야 한다.

세 명의 딸을 둔 상윤. 그는 가장으로 책임감이 무척이나 강한 사람이다. 어릴 적 그는 아버지가 일찍 돌아가셔서 어린 나이에 집안의 가장이 되었다. 여동생과 남동생이 있기 때문에 성인이 되고서부터는 생계유지를 위해 앞만 보고 달렸다.

일찍 시작한 사회생활로 그는 눈치라는 것을 얻었다. 생계를 유지해야 하기 때문에 그는 목숨 걸고 일을 했다. 회사에서도 어느 순간 그는 눈치를 보고 있었다. 이 눈치가 어찌나 무서운지 이자가 붙고 복리가 붙어 점점 더 사람들의 눈치를 보게 되었다.

"내가 일을 못하면 회사에서 나오지 말라고 하는 거 아닌가? 그럼 난 돈을 못 버는데. 어디에서 나를 또 받아주려나?"

회사에서 일을 열심히 하고 좋은 결과를 내서 사람들이 자신을 다 좋게 보길 바랐다. 그런 마음이 있으니 눈치를 더 많이 보게 되었다. 그는 결혼을 해서 세 명의 딸을 얻었다. 결혼 후 가장이 되니 눈치를 더 보게 되었다고 한다.

가장으로서 자녀들과 아내에게 원하는 것을 다 해 주고 싶었다. 어릴 적 고생했던 자신과는 다르게 딸들에게는 무엇이든지 최고로 해 주고 싶은 마음이 너무 컸다.

회사에서 시키는 일을 묵묵히 다 했고 힘든 일이나 불편한 일이 있어도, 정당하지 못한 일을 시켜도 거절하지 않고 눈치 보며 뭐든 했다. 그는 나에게 모든 것 하나하나에 사람들의 시선을 신경 쓰며 행동하다 보니 자기는 아무것도 할 수 없는 사람이라는 생각이 들었다고 했다.

불행해지는 길은 남들과 비교하며 남들의 눈치를 보는 것이다. 사람을 지옥의 길로 몰아가는 것이다. 누구는 나보다 더 잘 살던데, 더 잘하던데 따위를 따지는 순간 인생은 몰락의 길을 간다. 남들의 눈치를 보는 것도 마찬가지다. 항상 마음이 공허할 것이다. 내가 있고 남이 있는 건데 이건 남이 있고 내가 있는 것이 된다.

눈치 보지 말자. 앞서 말했지만 눈치는 보는 게 아니라 빨라야 하는 것이다. **눈치가 빠르다는 것은 센스다.** 주위에 보면 센스 있는 사람들이 있다. 센스 있는 사람들을 보면 닮고 싶다는 생각이 든다.

'비교'와 '닮고 싶다'는 것은 다르다. 비교는 남과의 차이를 따져보는 것이고, 닮고 싶다는 것은 타인의 모습을 긍정적으로 받아들여 나도 그렇게 되고 싶다는 것을 의미한다. 비교를 하면 열등감이 생기고 자존감이 낮아지며 우울해진다. 반면 닮고 싶은 마음은 감탄하고 동경하는 마음이기에 내 성장에 긍정적인 도움을 준다.

비교를 하면 경쟁심이 생기고 자기 존중감이 떨어진다. 비교의 늪에 빠져 계속 만족하지 못하는 삶을 살게 된다. 반면 닮고 싶다는 마음은 경쟁심이나 열등감을 불러일으키는 대신 자신을 더 성장시키는 역할을 한다. 상대를 롤 모델로 삼아 자신을 더 업그레이드시킬 수 있으니, 자기 성장의 동기가 된다.

눈치를 많이 보는 사람은 타인의 시선에 신경을 많이 쓰기 때문에 거절을 잘 못한다. 누군가 부탁을 하면 하고 싶지 않은 일도 억지로 하는 경우가 있다. 거절을 하는 건 나쁜 게 아니다. 거절은 할 때는 해야 한다. 거절도 잘하면 상대방이 기분 나쁘지 않다.

만약 당신이 항상 거절을 못한다면 당신은 타인의 시선에 굉장히 많은 신경을 쓰고 있는 것이다. 누군가에게 부탁을 했는데 거절 당한 경험이 있을 경우 타인도 자신과 같은 상처를 받을까 미안해서 거절을 못하는 경우가 있다. 또한 상대방과의 관계가 틀어질까 봐 우려해 상대의 눈치를 보며 거절을 못 하기도 한다.

거절을 잘하려면 우선 말을 얼버무리면 안 된다. 얼버무리며 거절을 하면 상대는 핑계만 대는 줄 안다. 얼버무리지 말고 확실히 말을 해 줘야 한다. 확실히 말해 줘야 상대방이 당신의 마음을 알 수 있다. 이때는 거절에 대한 상황과 거절하는 이유에 대해 말해 주면 된다.

무언가 부탁을 받았을 때 단순히 "안 돼." "못해."라고만 하면 부탁하는 사람도 입장이 난처하고 당신이 너무 인색하다고 생각할 수 있다. 이유를 충분히 말해야 한다. "그날은 내가 저녁 약속이 있어서 안 될 것 같아." "나는 그걸 잘 못해서 도움이 안 될 것 같네." 이렇게 이유를 말해 주면 거절을 당해도 상대도 기분 나쁘지 않고 말하는 나도 마음이 편하다.

그리고 거절을 할 때는 핑계를 대기보다는 솔직한 상황을 말해 주는 게 좋다. 핑계나 거짓말은 곧 들키고 만다. 차츰 거절에 대한 두려움을 없애다 보면 눈치를 보지 않게 되고 불필요한 일에 끌려다니지 않게 된다. 마음도 편안해지고 당당한 사람으로 변화한다.

영미에게는 12살 많은 띠동갑 남편이 있다. 그녀는 남편과 부부싸움을 할 때면 자신이 하고 싶은 말은 하나도 못하고 눈치만 본다며 고민을 토로했다. 연애 시절에도 그랬다. 하고 싶은 말이 있어도 남편 앞에서는 늘 못했다고 한다. 남편이 자신을 지나치게 어린애 취급을 하기 때문이다. 조금이라도 하고 싶은 말을 하려고 입을 떼면 "어려서 그래. 내가 더 잘 알아."라며 번번이 합리화를 하니, 입을 다물 수밖에 없었다.

어느 순간부터는 자신이 말해도 의견이 묵살되는 것 같고 말을 하면 남편의 비위를 건드리는 듯해서 눈치만 보고 하고 싶은 말을 안 하게 되었다고 했다. 그녀의 얼굴은 굉장히 어두웠고 목소리도 작았다. 사람을 똑바로 쳐다보지도 못했다. 남편 몰래 스피치 학원에 온 것이라고 말했다. 만약 학원에 간다고 하면 뭐하러 가냐고 자신을 다그칠 것 같아 몰래 왔다고 말했다. 24시간이 긴장된다며 더 이상 남편의 눈치를 보지 않고 하고 싶은 말을 마음껏 하고 싶다고 그녀는 토로했다.

나는 '마음을 열어라'라는 훈련을 진행했다. 학원에 오면 우선 평소 남편에게 하고 싶었던 말을 모두 꺼내 보라고 말했다. 남편은 이 공간에 없으니 무슨 말을 해도 절대 남편의 반응은 돌아오지 않는다고 말이다.

"야! 이원철! 네가 그렇게 잘났어? 나보다 12살 많으면 네가 뭐 대단한 줄 알아? 나도 말할 수 있다고. 나도 내 의견이 있어. 나도 말 좀 하자. 1주일 전에 우리 아들이 운동화 사달라고 했을 때 너 뭐라고 했어? 운동화가 뭐가 필요하냐며 짜증 냈지? 이 자린고비야. 좀 사 주면 안 되냐. 돈이 없는 것도 아니고 그렇게 돈 아껴서 죽을 때 가져갈래? 치사하다 치사해."

나도 그녀도 깜짝 놀랐다.

얌전하던 사람이 갑자기 다른 사람으로 돌변한 듯했다. 그녀는 십 년 묵은 체증이 내려간 것 같이 후련하다며 너무 좋다고 말했다. 이후로도 그녀는 하고 싶었지만 하지 못했던 말들을 학원에 오면 거침없이 했다. 하지 못하고 가슴속에서만 묵히던 말을 다 했다는 사실만으로도 그녀는 너무나 만족했다.

학원에서는 순화하며 말하는 스피치 방법을 알려 주었다. 감정에 호소하기보다는 남편의 어떤 말이 자신을 힘들게 했고 나는 어떻게 하고 싶다는 말을 숨기지 않고 조리 있게 말하는 훈련도 진행했다. 그리고 센스 있게 말하는 방법도 안내했다. 더 이상 남편 눈치를 보지 않고 자신의 의견을 당당하게 말해 보겠다고 했다.

센스 있는 스피치

센스는 타고나기도 하지만 노력으로 얼마든지 만들 수 있다. 관찰력과 공감 능력을 키우면 센스는 저절로 생긴다. 관찰력을 키우기 위해서는 사람들의 말투와 행동, 분위기를 살펴보면 좋다.

사회생활을 처음 시작하는 사회 초년생과 대리나 과장은 일하는 모습에서도 일 센스가 다르다. 공감력도 중요하다. 센스 있게 말 하려면 우선 타인의 말을 잘 들어야 한다. 단순히 듣기만 하는 게 아니라 상대방의 마음을 잘 읽으려고 노력하며 들어야 한다.

센스 있는 사람은 유머러스한 경우가 많다. 불편한 상황에서도 유머로 그 자리를 불편하지 않게 만든다. 밉지 않은 스피치를 한다. 그리고 말하는 타이밍이 좋다. 때와 장소에 맞게 스피치를 한다.

당신이 센스가 없다면 센스 있는 사람을 따라 해 보는 것도 좋다. 반복적으로 말하지만 말을 잘하고 싶다면, 닮고 싶은 스피커를 정해 많이 보고 따라 하는 게 좋다. 방송을 보면서 센스 있다고 생각하는 사람의 모습을 따라 해 보는 것이다. 그들의 모습을 보면서 연습하고 훈련하다 보면 센스의 감각이 길러질 것이다.

나는 방송인 탁재훈이 스피치를 센스 있게 잘한다고 생각한다. 그는 절대 눈치를 보지 않는다. 탁재훈은 원래 가수다. 개그맨이 아니기 때문에 늘 사람을 웃겨야 한다는 부담감이 없고, 말을 했을 때 사람들이 웃으면 좋고 웃지 않더라도 주눅 들지 않는다. 유머와 위트가 있는 스피치를 구사한다. 형식에 얽매이지 않고 자유롭게 스피치를 한다. 그리고 타이밍을 잘 안다. 어떻게 저 순간 저런 말을 할 수 있을까? 라는 생각이 들 정도로 말이다. 자기표현도 잘한다. 자신의 감정을 숨기지 않고 기분 나쁜 말도 기분 나쁘지 않게 위트를 섞어 잘한다. 표정도 살아 있고 리액션도 좋다.

자신의 기준에서 센스 있는 스피치를 구사하는 사람을 정해 모니터하고 따라 해 보자. 센스 있는 사람이 되고 싶다면 자신의 감정을 누르는 대신 내 감정을 명확하게 표현하는 연습을 해야 한다.

센스는 자신감이 있을 때 비로소 발휘된다. 자신감이 없는 사람에게는 센스가 있을 수가 없다. 유머 감각을 키우는 것도 좋다. 재미있는 유머집을 외우기보다 일상에서 내가 어떤 말을 했을 때 사람들이 좋아하고 웃었는지를 생각하고 기록해 두면 비슷한 상황에서도 센스 있게 말할 수 있다.

여러 상황에서 분위기 파악을 하는 것도 중요하다. 결혼식장에서 장례식장 같은 분위기를, 장례식장에서 결혼식장 같은 분위기를 낼 수 없다. 무거운 분위기라면 그 분위기에 맞게, 가벼운 분위기라면 또 그 분위기에 맞게 스피치를 해야 한다.

대화를 할 때 상대방의 감정을 읽으려고 노력해 보자. 상대방이 기분 나쁜 내색을 보이면 같이 화를 내는 게 아니라 그가 왜 기분이 나쁜지 생각하고 이해를 하는 것이다. 회사 동료 직원이 일을 잘 못하더라도 "일하시느라 정말 수고 많으셨네요. 많이 힘드셨죠? 그런데, 조금만 더 신경 써서 이번 주까지 부탁드려도 될까요?"라고 말하는 것이 상대방의 마음을 헤아리면서 부드럽게 스피치를 하는 것이다. 이것이 센스다. 다짜고짜 자신이 원하는 것만 말하는 건 결코 좋은 스피치가 아니다. 사람과 사람 사이에는 공감이 있어야 한다.

센스 있게 말하는 사람들은 부드럽게 말한다. 내 이야기보다 다른 사람의 이야기에 귀 기울이면 말 센스는 생길 수밖에 없다.

센스 있게 말할 때는 유머도 중요하다. 나는 SBS 공채 개그맨 출신으로, 선배들에게 개그의 공식을 배웠다. 먼저 남을 웃기기 위해서는 바보가 되어야 한다. 내가 바보가 되거나 남을 바보로 만들어야 한다. 개그 프로그램을 보면 알 수 있을 것이다. 최소한 한 명 이상을 바보로 만든다. 정상적인 상황에서 개그는 나올 수 없다. 정상적이지 않기 때문에 개그인 것이다.

예를 들어 세 명의 개그맨이 등장해 콩트를 시작하면 두 명은 정상적인 연기를 하고 한 명은 바보 연기를 한다. 희화화하는 것이다. 세 명 모두 정상적인 연기를 하면 그건 이미 콩트가 아니라 연기다. 정상적이면 유머가 아니다. 정상적이지 않은, 반대되는 행동이나 말을 해야 유머가 되고 타인을 웃길 수 있는 것이다. 남을 웃기기 위해서는 남을 바보로 만들기보다 자신을 바보로 만드는 게 쉽다. 타인을 희화화시키면서까지 사람들에게 웃음을 준다면 당하는 사람은 기분이 무척 나쁠 것이다. 자신을 바보로 만들면서 웃음을 주는 게 훨씬 마음이 편하고 좋다.

그런데 자신을 바보로 만드는 건 무척이나 어렵다. 자존감이 높은 사람들은 자신을 바보로 만들거나 자기 비하를 하면서 웃겨도 기분이 나쁘지 않다. 자신을 낮추면서 웃음을 준다는 건 여간 어려운 일이 아니다. 자존감이 높은 사람만이 할 수 있다. 자신을 바보로 만들면서까지 남들에게 웃음을 주려는 사람이 몇이나 될까?

개그맨들은 그들 스스로를 바보로 만든다. 대표적인 예가 SNL 코리아에 나오는 이수지라는 개그우먼이다. 이수지의 활약은 대단하다. 덩치가 큰 그녀는 여자 싸이, BJ 과즙세연, 대치맘, 김고은 패러디 등 자신을 희화화하며 남들을 웃긴다. 볼록 나온 똥배를 숨기지 않고 드러내며 웃기고, 표정도 과하다 싶을 만큼 지으며 남들에게 웃음을 준다.

남들을 웃기고 싶은가? 자신을 낮추면서 희화화해서 웃음을 줄 준비가 되었다면 지금 당장이라도 가능하다. 유머 있게 말하려면 농담을 진지하게 하면 안 된다. 농담을 진지하게 하면 상대방이 진담으로 받아들여 오히려 어색한 상황이 되어 버린다.

친근하고 가벼운 농담은 센스 있는 사람이라고 비칠 수 있다. 사람들에게 웃음을 주고 싶다면 절대 다음과 같은 말을 하면 안 된다.

"내가 재미있는 이야기 해 줄게."

이 말을 하는 순간부터 "어디 보자. 재미있는 이야기 한번 들어볼까?" 하며 사람들은 기대하기 시작한다. 남을 웃기고 싶다면 위와 같은 말은 하지 말자.

요즘은 개그맨보다 가수, 연기자가 더 재미있는 것 같다고 말하는 사람들이 많다. 개그맨은 당연히 사람을 웃겨야 하는 직업이기에 기대치가 높지만, 가수, 연기자는 남을 웃겨야 하는 직업이 아니기 때문이다. 노래를 부르고 연기를 하는 사람이 토크쇼나 예능 프로그램에 나와 조금만 재미있어도 사람들은 무척 재미있어 한다. 큰 기대심이 없었기 때문이다. 재미난 이야기로 사람들에게 웃음을 주고 싶다면 이야기를 듣는 사람들에게 너무 큰 기대감을 주지 말자. 기대가 큰 만큼 실망도 큰 법이다.

또 유머는 타이밍이 중요하다. 적절한 순간에 이야기하고 싶은 게 있으면 해야 한다. 할까, 말까 주저하다가 타이밍을 놓치면 웃음은 저 멀리 떠나 버린다. 눈치 보지 않고 센스 있게 스피치를 해 보자.

눈치 보지 않고 말하는 방법

1. 눈치는 보지 않고 빨라야 하는 것이다.

2. 센스 있게 말하자.

3. 유머 스피치를 구사해 보자.

제4장

스피치를 잘하면 대우가 달라진다

1. 몰입해서 말하면 말을 잘할 수 있다

집중을 이끄는 이야기의 힘

스피치가 힘든 이유는 말하는 나에게 온전히 집중하지 않고 타인의 시선과 환경, 외부의 평가에 더 신경을 쓰기 때문이다.

몰입이란 무언가에 흠뻑 빠져 있는 것이다. 스피치는 몰입해서 해야 한다. 몰입하면 다른 것을 생각할 겨를이 없다. 스피치를 할 때 몰입은 굉장히 중요하다. 상대의 스피치가 어떤 내용인지 몰입해서 듣는 게 중요하다. 타인의 말을 경청하지 않으면 질문의 의도를 놓칠 수 있고 이야기의 흐름이 다른 방향으로 빠질 수 있기 때문이다. 그래서 스피치를 잘하려면 우선 상대방의 말을 잘 들어야 한다.

스피치에 있어서 몰입이란 말할 때 흠뻑 빠지는 것이다. 몰입하면 눈빛과 손동작이 달라지며 몸의 기운 또한 변한다. 몰입하면서 스피치를 하는 순간 목소리도 커지고 전달도 잘되고 말에 리듬감이 생긴다. 설득력을 높일 수 있다.

많은 것들을 생각하지 말라. 많은 것들을 생각할수록 몰입하기 힘들어진다.

스피치를 하다 보면 처음에는 주제에 맞게 스피치를 잘하다가 점점 주제에 벗어나는 이야기를 하는 사람들이 있다.

가령 이런 경우다. "주말에 무엇을 하셨어요?"라는 질문에 한 답변을 살펴보자.

"저는 가족과 함께 여행을 다녀왔습니다. 여행에서 했던 것들을 자세히 말해 볼게요. 포항으로 여행을 갔는데 맛있는 음식도 많이 먹고 구경도 하고 가족과 좋은 시간을 보내고 왔습니다. 포항은 과메기가 유명하잖아요. 과메기를 먹으러 식당에 갔는데 음식이 나오기 전에 아내가 엄청 재미있는 유튜브 영상을 보여 주더라구요. 웃음 참기 챌린지였어요. 많은 사람들이 한 사람을 웃기기 위해 분장도 하고 노력하는데 이 한 사람은 절대 웃지 않고 참아야 하는 내용이었어요. 너무 웃기더라구요. 표정도 웃기고 말하는 것도 너무 웃겨서 웃어야 하는 상황인데 웃음을 참아야만 하는 사람은 웃지 않아야 하잖아요. 웃음을 참는 모습이 너무 재미있었어요. 그리고 그 영상에서… (이하 생략)."

처음 스피치를 할 때는 주말에 여행 간 이야기를 하더니 갑자기 유튜브 영상에 심취되어 10분 내내 유튜브 이야기만 하다 끝내는 것이다. 스피치에 몰입을 하지 않은 사례 중 하나다. 처음 말하고자 한 내용과 말한 내용이 아예 달라졌다.

애드리브를 잘하는 사람들은 말을 할 때 주제에서 벗어난 스피치를 하는 경우가 있다. 흥에 취해 기분대로 스피치를 하기 때문이다. 주제에서 벗어난 스피치를 하면 청자는 매우 당황한다. 우리가 듣고 싶어 하는 말이 아닌데… 갑자기 저 말을 왜 하는 거지? 하면서 난처해진다.

주제에서 벗어나지 않고 스피치를 이어가기 위해서는 브리지(bridge)를 만들어야 한다. 엉뚱한 이야기를 하다가도 "본론으로 다시 돌아와 말씀 드리자면." "그래서 제가 말씀드리고 싶은 말은." 이런 식으로 이어가야 한다. 운전을 할 때 내비게이션이 길을 잘못 알려줄 때가 있다. 내비게이션만 믿고 그 길을 계속 따라가다 보면 가고자 하는 곳에 도착을 못한다. 그럴 때는 내비게이션을 다시 찍고 확인을 해야 한다. 그리고 다시 길을 찾아가면 된다. 스피치도 마찬가지다. 애드리브가 지나쳐 주제와 벗어나는 말을 할 때는 정신차리고 다시 정리해 줘야 한다.

목적이 있으면 금방 몰입할 수 있다

스피치에서 몰입은 중요하다. 몰입은 무아지경과 같다. 무아지경은 '나'라는 존재를 잊을 만큼 황홀한 상태를 말하는 것이다. 삶에서 행복을 느끼고 싶다면 몰입하는 인생을 살아야 한다. 스피치도 마찬가지다. 명확한 목적과 목표가 있으면 더 빨리 늘 수 있다. 몰입이 잘 되기 때문이다.

딸이 곧 결혼을 한다는 명식 님이 학원 문을 두드렸다. 주례 없는 결혼식으로 진행을 하다 보니 주례 대신 신부측과 신랑측의 아버지가 축사를 해야 했다. 어릴 때부터 사람들 앞에서 말하는 것을 부끄러워했던 명식 님은 너무 부담스럽다고 했다. 딸의 결혼식장에서 자기가 말을 할 때 사람들이 주목한다는 것도 부담인데 사위, 딸, 하객들, 사돈까지 자신의 스피치에 집중할 것을 생각하니 아찔했다.

그는 딸의 결혼식 두 달을 앞두고 U 스피치에서 교육을 받기 시작했다. 워낙 쑥스러움을 많이 타고 젊을 때부터 부끄러움이 많아 항상 남들 앞에 서는 게 두려웠다고 한다. 지역 유지로 하객이 2천 명 정도 오는데 그 많은 사람들 앞에서 창피 당하기 싫다며 무척 불안해했다.

하지만 그러한 불안도 잠시였다. 목적이 있기 때문에 더 열심히 스피치를 준비할 수 있었고 성공적인 축사를 해냈다. 그의 목적은 딸의 결혼식에서 축사를 잘해야 한다는 것이었다. 이처럼 목적이 있으면 몰입을 더 잘할 수 있다.

몰입을 잘한다는 것은 집중을 잘한다는 것을 의미하기도 한다. 집중력을 높이기 위해서는 기억력 훈련이 도움이 된다.

뇌의 가소성이라는 말을 들어 보았는가? 뇌 과학에서 매우 중요한 개념으로, 뇌가 스스로를 변화시키고 적응하는 능력을 뜻한다.

우리의 뇌는 쓰면 쓸수록 발달한다. 쓰지 않으면 점차 약화된다.

새로운 것을 배우거나 반복하면 우리 뇌는 발달하지만 사용하지 않으면 점점 약해진다. 뇌의 가소성은 평생 진행된다. 꾸준히 자극을 주면 발달이 된다.

습관도 영향을 미친다. 좋은 습관의 반복은 뇌의 발달에 도움이 된다. 노먼 도이지의 책 『스스로 치유하는 뇌(The Brain That Changes Itself)』에는 70~80대 노인들이 새로운 기술을 배움으로써 뇌의 구조가 실제로 변화한 사례들이 등장한다.

보통 노인들은 나이가 들고 노쇠해지며 잘 움직이지 않거나 무언가를 배우려 하지 않는다. 그러면 기억력이 나빠지고 우울해지며 치매에 걸릴 확률이 높다. 뇌는 가소성이 있는데 쓰지 않으니 결과가 안 좋아지는 것이다. 나이가 들수록 새로운 것을 두려워하지 않고 도전하거나 무언가를 배우려고 하면 기억력 감퇴에 대한 걱정도 줄어들고 치매가 올까 하는 걱정도 덜할 것이다.

노인이 되어도 삶의 질을 높일 수 있다. 뇌를 쓰지 않으면 기억력은 나빠질 수밖에 없다. 두뇌 활동을 원활하게 할 수 있게 기억하는 습관이 필요하다.

인간은 공부를 많이 하고 생각을 많이 해서 뇌를 활성화시켜야 한다. 뇌를 잘 쓰고 싶다면 기억하는 습관을 가지자. 핸드폰이 보급화됨에 따라 사람들의 이름과 연락처는 어느새 핸드폰이 대신 기억해주고 있다. 굳이 친한 사람들의 연락처를 외우지 않아도 핸드폰이 다 해결해 준다.

기억력을 좋게 만들기 위해서는 따로 시간을 내어 훈련을 하는 것보다 일상 속에서 노력해야 한다. 사람들의 이름과 연락처를 핸드폰에 의지해 기억하기보다는 직접 외우려 노력하고, 메모를 할 때도 핸드폰에 녹음을 하거나 표시를 해 두기보다는 손으로 직접 쓰면서 내용을 생각하고 이해하는 것이다.

영어단어를 외우는 것도 좋다. 한 번에 외우려고 하기보다는 학습 반복 간격을 점점 늘려 복습을 하면 기억력 향상에 도움을 준다.

정신과 의사들은 기억력을 좋게 하려면 잠을 충분히 자야 한다고 말한다. 숙면은 장기기억에 도움을 준다. 수면의 질도 중요하다.

가장 좋은 방법은 내가 알고 있는 정보를 타인에게 설명하고 알려주는 것이다. 타인에게 설명함으로써 한 번 더 머릿속에 정리할 수 있고 알려줌으로써 각인이 된다.

나도 스피치 강사로서 강의를 굉장히 많이 하는데 내 전문 분야에 대해 계속 설명을 하고 강의를 하다 보니 더 명확하게 각인이 된다.

몰입 이론의 창시자 칙센트미하이는 몰입을 하기 위해서는 먼저 명확한 목표가 있어야 한다고 말한다. 스피치에서의 몰입도 같다. 목표나 목적이 있으면 몰입을 잘할 수 있다. 단순히 스피치를 잘하고 싶다고 생각하는 것에서 그치지 않고 위의 명식 님처럼 명확한 목표가 있으면 몰입을 잘할 수 있다.

그리고 몰입은 너무 쉬워서도, 어려워서도 안 된다. 너무 쉬우면 이미 잘 아는 것인 데다 쉽기 때문에 몰입이 되지 않고 너무 어려우면 어려운 나머지 포기하거나 즐기지 못하게 된다. 잘 즐겨야 몰입을 할 수 있는 것이다.

나의 경우 악기 배우는 것을 매우 좋아한다. 아주 잘하지는 못하지만 피아노와 플루트, 해금 연주를 조금 할 줄 안다. 요즘은 해금 연주에 푹 빠져 있는데 해금을 처음 접하다 보니 처음 연주할 때는 어려워서 집중과 몰입이 되지 않았다. 그런데 어느 정도 음계를 알고 혼자 연주할 수 있는 시기가 오니 연습할 때 시간이 금방 가고 몰입이 잘 되었다.

나는 어린 시절부터 언어에 관심이 많았다. 영어와 국어 수업을 참 좋아했다. 좋아하고 즐기는 과목인 데다 내 기준에서는 어려운 과목이 아니기 때문에 시간이 어찌나 빨리 가는지 몰입이 잘 되었다. 반면에 수학은 무척이나 어려워하고 좋아하지 않았다. 당연히 영어나 국어에 비해 성적도 좋지 않았다. 시간이 어찌나 안 가던지 수학 시간은 언제 끝나나 하고 시계만 보았던 것 같다. 몰입을 못한 것이다.

몰입하기 좋은 환경은 너무 어렵지도 쉽지도 않은 것을 하는 것이다. 또, 몰입은 완전한 집중을 요한다. 당연하겠지만 집중하는 척을 하라는 게 아니라, 다른 것에 신경 쓰지 말고 온전히 집중하라는 뜻이다. 스피치도 내가 말하는 내용에 집중하면 잘할 수 있다.

몰입을 하면 시간이 금방 간다.

나는 몰입하는 순간을 굉장히 좋아한다. 좋아하는 악기를 연주할 때면 시간이 금방 간다. 글을 쓰고 있는 지금도 어느덧 시계를 보니 시간이 금방 지나가 있다. 스피치도 몰입을 하면 속도가 오른다.

몰입은 특정한 보상을 받지 않아도 굉장히 만족스럽다. 그리고 보람차다. 고등학교 시절 독서실에서 어느 날은 유난히 집중이 잘돼서 공부가 잘될 때가 있었다. 늦게까지 공부하고 밖을 나서면 그렇게 보람찰 수 없었다.

몰입을 하고 싶다면 몰입에서 방해되는 것들은 완전히 차단하자. 책을 읽으면서 핸드폰을 본다거나 음악을 크게 틀어 놓으면 몰입에 방해될 수 있다. 제대로 몰입하고 싶다면 하나만 하자. 어떤 사람들은 음악을 들으면서 책을 보거나, 산책을 하면서 스마트폰을 보는 게 더 집중이 잘된다고 하는데 나는 진정한 몰입은 할 수 없다고 생각한다.

스피치를 할 때 내가 전달하고자 하는 내용에 온전히 몰입을 하면 청중들의 눈빛이 더 이상 두려움의 눈빛이 아닌 자신의 이야기를 경청하며 빛나는 눈동자로 보일 것이다. 마음을 다해 몰입해서 스피치를 하면 청중들이 무섭고 두려운 게 아니라 나의 이야기를 들어주는 청중들이 고마워 말을 더 하고 싶다는 생각을 가질 것이다.

당신이 몰입해서 진정성 있게 스피치를 하면 청중들도 몰입해서 듣는다. 몰입을 하되 청중들이 지루해하지 않는 스피치를 하는 것이 좋다.

몰입하게 만드는 스피치는 자신의 경험을 이야기하는 것이다. 즉 나의 스토리텔링을 잘 말하는 것이다. 사람들은 자신이 경험하지 못한 부분에 대해 호기심이 크다. 몰입하게 만드는 힘이 있는 것이다. 유머를 활용하는 것도 좋다. 웃는 걸 싫어하는 사람은 없다. 박장대소까지는 아니더라도 미소를 지을 수 있게끔 재치있는 유머를 활용하면 사람들이 몰입해서 당신의 스피치를 들을 수 있다.

어색하게 말하면 사람들은 당신의 스피치에 몰입하지 못한다. 자연스럽게 스피치를 해야 당신도 청중도 함께 몰입할 수 있다.

몰입을 잘하기 위해서는 습관 교정도 중요하다. 몰입하는 상황에 자신을 많이 노출시키는 것이다. 하루에 영어 단어를 10개씩 외운다든가, 일주일에 한 번씩 러닝을 하는 등의 몰입하는 상황을 만드는 것이다.

주변 환경 정리도 중요하다. 영어 단어를 외우는데 책상이 지저분하거나 더러우면 신경이 쓰일 수 있다. 주변 환경도 집중할 수 있게 만들어 주자. 처음부터 욕심을 부려 무리하게 할 필요는 없다. 오늘 하루는 무조건 몰입하는 날이라는 생각으로 아침부터 저녁까지 신경 쓰다 보면 몰입을 할 수 없다. 가볍게 생각하자.

ADHD 증상이 있는 20대 초반의 광진은 수업 시간에 집중을 잘 못하고 자기조절이 안 되는 교육생이었다. 그의 꿈은 게임 유튜버였지만, 집중해서 유튜브를 시청하는 것조차도 많이 힘들어했다. 게임에 관심이 많았지만, 자신이 좋아하는 게임 유튜브 채널을 보아도 장시간 집중을 하지 못했다. 게다가 ADHD는 말할 때도 영향을 미쳤다. 그는 자신이 두서없이 말하는 데다 사람들이 말을 못 알아들어 답답하다고 했다. 실제로 광진은 두서없이 말하는 동시에 말도 너무 빨랐다.

ADHD 증상이 있는 경우 주의력이 부족하기 때문에 산만해 보이고 집중을 하지 못한다. 감정 기복도 심하고 충동적이다. 역시 몰입하기 힘들어한다.

나는 그에게 작은 성취감을 느껴 보라고 말했다. 남들이 당연시하고 잘하는 일도 ADHD 증상이 있는 사람들은 힘들어한다. 그가 가장 좋아하는 것은 게임이었다. 게임을 할 때는 다른 때보다 그나마 좀 더 집중을 한다고 했다.

나는 좋아하는 게임을 친구들에게 설명해 보라고 말했다. 게임 유튜버가 꿈이니 게임을 하는 것으로 끝내지 말고 가까운 지인부터 시작해 자신의 역할을 해 보라고 주문했다.

처음에는 힘들어했지만 차츰 반복적으로 사람들에게 게임 설명을 하다 보니 천천히 다급하지 않게 설명을 하게 되었다.

학원에서의 수업도 이런 식으로 진행했다. 게임 설명을 하는 유튜버라 가정하고 유튜브 스피치 교육을 진행했다. 점차 그는 몰입을 하면서 스피치도 잘하게 되었다. 만약 당신이 몰입을 못한다면, 몰입을 못하는 것이 아니라 집중하려 노력하지 않았기 때문이다.

집중하라! 그리고 기억하라! 그러다 보면 당신은 어느새 몰입을 하고 있을 것이다.

몰입해서 말하는 방법

1. 말할 때 내 이야기에 흠뻑 빠져라.

2. 집중력을 높이는 기억력 훈련을 해라.

3. 몰입하는 상황에 자신을 많이 노출시켜라.

2. 스피치의 중심에는 경청이 있다

청중과의 교감은 경청

경청을 잘해야 말을 잘할 수 있다. 잘 들어야 상대방이 하는 말을 이해할 수 있고 그에 대한 답변을 잘할 수 있다. 또 경청을 잘하면 말하는 사람에게 호응하고 있다는 느낌을 준다. "내 의견을 존중해 주고 경청해 주고 있구나."라고 느끼기 때문에 신뢰감을 느낀다.

유독 경청을 잘하는 사람들이 있다. 그런 사람들과 함께 있으면 더 말하고 싶어진다. 나는 책을 출간한 작가님들을 모셔 진행하는 북토크 프로그램 '신유아의 북살롱'을 3년째 꾸준히 진행하고 있다.

작가님들의 북토크 진행 모습을 보면 공통점이 있다. 아이 콘택트를 하고 리액션을 잘해 주고 경청을 잘해 주는 독자들을 지속적으로 보면서 강연을 한다는 것이다. 경청해 주는 독자에게 작가는 더 관심을 갖고 강연을 한다.

이처럼 사람은 경청해 주는 사람을 좋아한다. 경청을 잘하면 교감을 잘할 수 있다. 그럼 경청을 잘하려면 어떻게 해야 할까? 우선 상대방의 이야기를 끝까지 들어 주어야 한다. 가령, 서로 다른 의견으로 언성이 높아질 때도 끊지 말고 들어 주는 것이다. 화나는 감정이 앞선 나머지 상대방의 말을 끊으면 대화가 이어지기 어렵다.

비언어적인 요소도 염두에 두며 상대의 말을 경청해 보자. 비언어적인 요소는 언어적인 요소의 반대 개념으로, 쉽게 말해 말의 내용을 뺀 모든 것이라 생각하면 된다. 고개를 끄덕인다거나 아이 콘택트를 하며 눈 맞춤을 하거나 크게 공감을 할 때는 물개박수를 치는 것도 좋다. 상대방 이야기를 경청하고 있다는 신호 중 하나는 몸을 앞쪽으로 기울여 듣는 것이다.

소개팅 자리에서도 관심이 있으면 상대가 이야기를 할 때 몸을 앞으로 기울여 경청하는 모습을 보인다. 몸을 앞쪽으로 보낸다는 건 관심의 큰 표현이다.

요즘 사람들이 흔히 하는 실수 중 하나가 상대가 이야기를 할 때 핸드폰만 보면서 듣는 것이다.

나는 지금 카페에서 이 글을 쓰고 있다. 커플도 있고 가족도 있고 친구들끼리 함께 온 사람들도 있다. 상대가 이야기를 하고 있는데도 대부분은 핸드폰만 계속 보며 이야기를 듣는다. 경청의 바람직한 모습이 아니다. 진심으로 타인의 이야기에 귀 기울여 주지 않는, 경청하지 않는 세상이 된 것 같은 현실이 슬프다.

경청을 잘하려면 반응을 해 주어야 한다. 단순히 고개만 끄덕이는

것이 아니라 당신의 이야기에 공감한다는 표현을 해 주는 반응이 중요하다. "그랬구나." "정말?" "힘들었겠다." 등 공감의 표현을 해 주자.

마음을 이해하고 헤아려 주고 있다는 표현을 마음과 몸과 말로 알아차리게 해 주는 것이다. 또 상대의 이야기가 끝나면 관심의 질문을 해 주면 좋다. "그래서 많이 힘들었어?" "앞으로는 어떻게 하면 좋을 것 같아?" 등 이야기를 끝까지 경청했기 때문에 할 수 있는 질문이라는 걸 상대가 느끼게 하는 것이다.

경청은 마음을 열어야 한다. 선입견과 편견 없이 타인의 의견을 듣자. 비판 의식이 강한 사람들은 경청을 할 때 비판할 생각부터 하고 듣는다. 이건 아니고 저건 맞다는 식이다. 정답을 찾으려고만 한다. 이런 사람들은 주위에 사람이 없다.

며칠 전 지인과 광화문에 있는 오마카세 레스토랑을 방문했다. 오마카세 테이블은 보통 하나로 길게 연결되어 있어서 옆 사람의 이야기가 굉장히 잘 들린다. 내 옆으로는 아들과 아버지가 식사를 함께하러 온 모양이었다. 20대의 아들이 대학원에 갈지 취직을 할지를 고민하며 이야기를 하는데 아버지는 아들이 말할 때마다 계속 말을 잘랐다. '그건 아니고'라는 말만 반복하며 아들의 이야기를 듣지 않은 채 흥분하는 아버지의 목소리가 어찌나 큰지 나뿐만 아니라 다른 사람들도 다 쳐다보며 인상을 찌푸렸다. 결국엔 아버지의 커진 언성이 불편하고 다른 사람들에게도 미안했는지 아들은 자신의 의견을 잘 이야기하지도 못한 채 "나는 잘 모르니까… 알았어…"라고 마무리를 했다. 보기 좋지 않은 모습이다. 가족 간에도 경청은 너무나 중요하다.

회사나 밖에 나가면 경청을 잘하는데 가장 소중한 가족끼리 있을 때 경청을 안 하는 경우가 위와 같은 경우가 아닐까 싶다. 자녀들이 좋아하는 아버지는 말을 잘 들어 주는 아버지이다. 50대의 아버지들은 은퇴를 하고 난 후 가정에서 소외되는 경우가 많다. 젊은 시절 회사 일에 집중하느라 가족과 시간을 잘 보내지 못해 가족과 함께하는 시간이 많이 없었다 보니 가족의 상황을 잘 모르기 때문이다. 아내나 자식의 이야기에 경청하려는 자세가 있었다면 바빠도 시간을 내어 이야기를 했을 것이다.

나는 외동딸이다. 형제가 없는 나에게 엄마는 엄마이자 친구이자 언니였다. 우리 엄마는 내가 어릴 적부터 어떤 말을 하던 항상 잘 들어 주셨다. 지금도 마찬가지다. 경청을 참 잘해 주신다. 그리고 내가 힘든 일이 있을 때 고민을 이야기하면 잘 듣고 조언을 해 주시니 언제나 힘이 된다.

반면에 아빠는 엄마와 다르다. 자기주장이 무척이나 강하다. 요즘은 많이 달라졌지만 우리 세대의 아버지들은 보통 그런 것 같다. 가부장적인 모습으로 자신의 의견이 맞다는 식이다. 그래서 난 늘 엄마와 대화를 이어갔다. 엄마의 리액션은 남다르다. 내 말에 귀 기울여 주는 게 표정에서, 마음에서, 몸에서 느껴진다. 나의 의견을 단 하나도 허투루 듣지 않는다. 늘 감사하다. 엄마는 나에게 충고를 하기보다는 잘 듣고 공감해 주셨다. 내 감정을 온전히 이해하려고 노력한다.

가족 간에 경청이 중요한 이유는 가족 관계에 많은 영향을 끼치기 때문이다. 가족 간 경청을 잘하는 것만으로도 집안이 화목해지고 분위기가 좋아진다. 경청을 잘하면 존중받는 느낌이 든다.

경청을 잘해 주는 부모와 경청을 잘해 주지 않는 부모에게서 자란 아이들의 자존감 차이는 크다. 스피치 또한 큰 차이를 보인다.

아이가 말을 했을 때 부모가 경청을 잘해 주면 아이는 신나서 말을 더 많이 하게 된다. 그렇다 보니 말을 많이 하는 아이들은 어릴 적부터 스피치 면역력이 생긴다.

반면 아이가 말을 했을 때 잘 들어 주지 않고 반응도 하지 않는 무관심한 학부모에게서 자란 아이들은 느낀다.

"우리 부모님은 내가 말을 해도 잘 들어 주지 않는구나. 말은 해도 소용없는 거구나." 입밖으로 말을 하지는 않지만, 마음속으로 말을 한다.

그러니 자신감도 없고 의기소침한 아이가 된다. 말을 자주 하지 않다 보니 스피치 면역력이 생기지 않는다. 어른이 되어서도 자신의 의견을 잘 주장하지 못하고 참기만 하는 사람이 될 수도 있다. 화병이 생길 수도 있다. 말하고 싶은데 말을 못하니 말이다.

가족은 세상 누구보다 가장 가까운 사이다. 가족이 고민을 말했을 때 위하는 마음이라는 명목 아래 너무 강하게 몰아붙여서는 안 된다. 남에게는 하지 않는데 내 딸이니까 내 아들이니까 내 동생이니까라는 생각으로 강하게 말하면 상처를 받는다. 가족에게 궁금한 점이 있어도 말하기 싫어하는 부분이 있다면 기다려 주는 게 좋다. 계속 재촉하면서 물으면 입을 닫아 버리게 된다.

사춘기 자녀를 둔 부모님들이 고민을 이야기할 때가 있다. 아들이 중학교에 가더니 집에 오면 도통 말을 안 한다. 중학교 생활이 어떤지 궁금한데 초등학생 때보다 말을 잘 안 한다는 것이다. 기다려 주자. 시간이 되면 말할 것이다. 캐물어서 아이가 대답한다고 해도 제대로 경청할 수 있는 타이밍이 아니다.

나는 KBS와 SBS에서 리포터 활동을 주로 했는데 요즘 TV를 보다 보면 신입 리포터들이 종종 하는 실수가 내 눈에 들어온다. 바로 인터뷰를 진행할 때 자신이 준비한 질문만을 생각하다가, 상대방의 답변이 끝나지도 않은 상태에서 답변을 끊어 버리고 준비된 다음 질문을 하는 것이다. 상대의 답변을 기반으로 구체적이고 새로운 질문을 할 수 있는 상황에서도 작가가 써 준 원고대로만 읊어 대는 경우도 있다. 음식을 입안에 넣자마자 씹지도 삼키지도 않고 제대로 맛을 보기도 전에 무조건 맛있다고만 하는 리포터들도 있다. 모두 안 좋은 모습이다.

스피치를 잘하려면 타인의 이야기를 경청해야 하며, 경청 이후에 나의 스피치 차례가 오면 자연스럽게 말을 이어가면 된다. 앞서 말했지만 스피치에서의 몰입은 굉장히 중요한데 이 몰입의 기본은 경청이다.

상대방의 입장을 이해하라

경청은 왜 중요할까? 경청을 하지 않으면 본래의 의도와는 다르게 상대방의 의견을 우회적으로 들을 수 있다. 굉장히 위험한 부분이다. 오해가 생기면 대화가 되지 않아 다툼이 될 수 있다.

아래 두 사람의 대화를 살펴보자.

여자 : 왜 오늘 한 번도 전화 안 했어?

남자 : 바빴어.

여자 : 바빠? 얼마나 바빴는데.

남자 : 많이.

여자 : 그렇다고 전화할 시간 없어? 화장실 안 가? 점심 안 먹어?

남자 : 바빴다고.

여자 : 그래도 다른 남자들은 아내나 여자 친구한테 시간 내서 연락하던데 나에 대한 관심이 그 정도밖에 안 돼?

남자 : 진짜 바빴단 말이야.

여자 : 나보다 일이 그렇게 중요해?

위 대화 내용을 보면 어떤 생각이 드는가? 이 글을 쓰고 있는 나는 여자다. 충분히 여자의 입장이 이해된다. 사랑하는 남편이나 남자 친구의 연락을 기다렸는데 연락이 종일 오지 않으니 얼마나 애가 타겠는가? 왜 전화를 하지 않았냐 질문하는 여자는 이미 기분이 나쁜 상태다. 그럼에도 불구하고 남자는 경청은 뒷전이고 사실만을 계속 이야기한다. 남자가 여자의 말을 잘 경청했다면 상황을 이해할 수 있도록 친절하게 이야기했을 것이다.

"전화 안 해서 화났구나. 미안해, 많이 바빴어. 오전 9시부터 보고서를 만드느라 점심도 못 먹은 데다 부사장님께 드리는 보고도 길어졌어. 퇴근하려고 시계를 보니 밤 9시를 훌쩍 넘겼더라고. 그래서 연락을 하지 못했어."

자신의 상황을 충분히 설명하고 상대에게 미안함을 전했다면, 여자는 오히려 '힘든데 내가 너무 내 생각만 했나 보다.'라며 반성을 할 것이다.

동시에 남자의 입장도 이해가 된다. 바빠서 연락을 하지 못한 것이다. 그런데 여자는 남자가 전화할 시간이 있었지만 귀찮아서 전화를 하지 않은 것이라고 머릿속으로 이미 결론을 내 버렸다. 그렇기에 남자가 '바빴다'고 네 번이나 말하고 있음에도 듣지 않는 것이다. 여자 또한 충분히 남자 입장을 이해하고 경청해 줄 수 있지 않을까?

사람은 경청을 해야 한다. 경청을 하면 상대방을 이해할 수 있고 상대방이 원하는 답을 찾을 수 있다. **상대방의 입장을 이해하며 경청하면** 싸우지 않고 대화로 술술 잘 풀어나갈 수 있다.

경청은 남녀노소 누구나 해야 한다. 아이와의 대화에서도 경청은 중요한 부분이다. 아이들에게도 깊은 관심과 함께 경청을 해 주어야 한다.

어린이 스피치 상담을 하는 경우 학부모, 자녀와 함께 1차 상담을 진행하고 어느 정도 상담이 가능한 연령대의 아이들과는 아이와 단둘이 2차 상담을 진행한다.

학부모와 함께 상담을 할 때와 아이와 단둘이 상담할 때 차이가 나는 경우가 있다. 학부모와 함께 상담을 하면 대부분의 아이는 별다른 대답을 하지 않는다. 아이에게 질문을 하면 학부모가 우리 아이는 이렇고, 이런 점을 고쳐야 한다며 아이 대신 답을 한다. 질문을 아이에게 해도 학부모가 대신 대답을 하는 경우가 많다. 물론 아이를 양육하는 부모의 입장에서 보자면 다른 누구보다 아이를 잘 아는 사람은 부모이다. 하지만 교육을 받는 대상은 아이다. 아이의 의견이 가장 중요한 것이다.

학부모와의 상담이 끝나고 아이와 단둘이 2차 상담을 하면 상황이 다를 때도 많다. 아이들의 생각과 어른들의 생각은 다르다. 아이의 말에 귀 기울여 보자. 경청을 해 보자. 아이의 작던 목소리가 크고 씩씩하게 바뀔 것이다.

스피치에 필요한 따뜻한 감성

경청을 잘하면 이야기를 하는 사람은 나를 배려하고 있다는 생각이 든다. 편안함과 따뜻함을 느낀다. 스피치는 청자와 화자 모두에게 따뜻함을 주어야 한다. 스피치를 잘하려면 따뜻함이 몸에 배어 있어야 한다.

프레젠테이션 발표 시간에만 음성이 따뜻하면 안 된다. 여기에서의 따뜻함은 친절함이라 해도 좋다. 발표하기 전부터, 발표를 마무리하고 난 후 일상에서도 습관처럼 친절한 음성이 몸에 배어 있어야 한다. 그러기 위해서는 당신의 일상이 따뜻해야 한다.

평상시 당신의 모습이 겸손하고 따뜻해야 스피치를 할 때에도 나타나는 것이다. 상대방에게 친절하고 따뜻하게 대하는 태도가 습관이 되어야 한다. 스피치를 할 때 입만 웃고 눈은 웃지 않는 경우가 있다. 이러한 자세는 바람직하지 못하다.

50대 초반의 현미 님은 스피치를 할 때 입만 웃고 눈은 움직이지 않으며 부자연스러운 스피치를 했다. 그녀는 눈가에 주름이 생기지는 않을까 걱정이 되어 눈은 웃지 못하겠다고 했다.

주름 걱정 때문에 일부러 웃음을 자제하는 경우가 있는데, 찡그리고 화내서 생기는 주름과 웃어서 생기는 주름에는 많은 차이가 있다. 웃을 때 생기는 주름은 미소 주름이기 때문에 인상을 썼을 때 나타나는 미간 주름과 달리 인상이 나빠 보이지 않는다.

주름을 신경 쓰느라 웃지 않으면 인상이 무표정으로 변해 차갑고 냉정해 보인다. 사진 찍을 때 표정이 어색하거나 입만 웃고 있다면 얼굴 전체 근육을 움직여서 눈과 입으로 함께 웃어 보아라. 활짝 웃으면서 스피치를 하는 것이 훨씬 플러스 요인이 된다.

스피치는 올바른 발성과 발음만으로 의미가 제대로 전달되는 것이 아니며 자신감만 있다고 잘하는 것도 아니다. 스피치를 잘하려면 따뜻한 감성이 있어야 한다. 따뜻한 감성은 훌륭한 스피커로서 필수이다. 스피치로 성공하고 싶다면, 따뜻한 감성과 함께 타인을 향한 배려심도 있어야 한다는 것을 명심해라.

경청하는 방법

1. 비언어적인 요소와 함께 경청해라.

2. 공감의 표현을 해 주어라.

3. 상대방의 입장을 이해하며 경청해야 한다.

3. 말하기의 즐거움을 알면 인생이 즐겁다

두려움을 잊게 만드는 즐거움

살면서 가장 즐거웠을 때는 언제인가? 요즘 당신의 즐거움은 어느 정도인가? 이런 질문을 하면 대부분 선뜻 답하지 못한다. 오랜 시간 곰곰이 생각해도 즐거웠던 시절이나 상황을 말하지 못하는 경우가 많다. 마음에 여유가 없기 때문이다. 여유가 있는 사람만이 즐거움을 느낄 수 있고 깨달을 수 있다.

즐거움은 거창한 것이 아니다. 명품 가방을 사서 치장을 하거나 호화로운 해외여행을 간다거나 값비싼 물건을 사람들에게 자랑하는 것들이 즐거운 게 아니다. 추운 겨울, 눈 내리는 날 여자 친구와 눈길을 걸었던 기억이 즐거울 수 있는 것이고 가족과의 공원 나들이, 혹은 좋아하는 카페에서 차 한잔 마시며 독서하는 그 순간이 즐거울 수 있는 것이다. 그런데, 사람들은 즐거움이라는 말에 큰 기대를 건다.

50대의 은행원 재철. 그는 집안에서 인정받는 훌륭한 가장이자 회사에서도 인정받는 사람이다. 그에게 가장 즐거웠던 순간이 언제였는지 질문을 했다. 그는 너무 어려운 질문이라며 바로 대답하지 못했다.

가장 즐거운 순간을 묻는 질문이 어려운 질문인가? 어려운 수학 공식을 대입해 답변을 내야 하는 것도 아니고 양자역학처럼 깊이 있게 생각하고 답변해야 하는 질문도 아니다. 그냥 편하게 본인의 마음을 말하면 된다.

그는 20분이 지나고 30분이 지나도 아무 말도 하지 못했다. 말은 생각해야 입으로 나온다. 회사와 가정에서는 인정받는 사람이지만, 정작 자신에 대해 생각할 시간이 없었던 것이다. 진정한 나를 알기 위해서는 생각하는 시간이 필요하다.

직장인들은 집과 회사가 전부인 경우가 많다. 오전 9시경 출근을 하고 오후 6시에 퇴근하거나 야근에 치여 8시 혹은 9시를 넘겨 집에 가는 경우가 많다. 업무가 끝나면 또 어떤가? 회식을 하거나, 회식이 없다면 피곤에 지쳐 집에 오자마자 잠을 청한다. 이러니 스스로 생각할 시간이 있겠는가?

회사에 가지 않는 주말에 자기 계발에 다들 힘쓸 것 같은가? 그러기 쉽지 않다. 너무 피곤한 나머지 주말에는 못 잤던 잠을 자기 일쑤다. 일상이 이렇게 다람쥐 쳇바퀴 돌듯 반복되니 생각할 시간과 여유가 없고 세상과 소통할 시간이 부족하다.

스피치를 잘하기 위해서는 인생의 즐거움을 알아야 한다. 표정이 살아 있어야 말할 때에도 리듬이 살고 말의 내용도 살아 숨 쉬게 된다. 내가 즐거워야 남도 즐겁다. 즐겁게 말을 해야 당신의 말이 기분 좋게 들린다. 스피치를 잘하기 위해서는 내가 즐거워야 한다. 불편한 마음과 긴장된 호흡, 인상 쓴 표정으로는 즐거운 스피치, 신뢰감 가는 스피치를 절대 할 수 없다.

즐거움의 상승구간 찾기

즐거운 스피치를 하기 위해서는 내 즐거움의 상승구간을 확인해 보자.

현재 본인이 40대라면 10대부터 시작해서 20대, 30대, 40대에서 즐거웠던 순간을 각각 3가지씩 적어 본다. 즐거웠던 이유도 함께 작성해 본다. 10대부터 40대까지 즐거웠던 순간의 공통점이 분명히 있을 것이다.

다음은 50대 이후 당신이 무엇을 하면 행복하고 즐거울지를 적어 보아라. 즐거웠던 순간의 공통적인 부분을 생각하면서 50대부터 100세까지의 즐거움을 미리 찾아본다. 그리고 1년마다의 목표, 10년마다의 목표를 적어 본다. 목표를 이루었을 때의 즐거움도 상상해 본다.

이렇게 적어 나가는 것만으로도 당신의 즐거움을 기억할 수 있고 앞으로 인생을 어떻게 살아야 더욱 즐겁게 살아갈 수 있을지 방법을 알 수 있다.

분명 느끼는 것이 있을 것이다. 이제부터 더욱 새롭고 즐겁게 살겠다는 목표를 세울 수도 있을 것이고 혹은 적어 보긴 했지만 과연 이 목표를 이룰 수 있을까 하는 의문도 들 것이다. 괜찮다. 이미 반절 이상 성공한 것이다. 생각을 한다는 자체가 가능성이 있다는 뜻이다. 이제부터 주저하지 말고 인생의 즐거움을 찾길 바란다. 그래야만 스피치를 즐겁게 할 수 있고 당신의 인생도 즐거워진다.

인생의 즐거움은 사소한 것에서부터 출발하니, 찬찬히 주위에서 찾아 보길 바란다. 지난날의 즐거움과 미래의 즐거움을 나누어서 적어 보자.

진정한 인생의 즐거움을 찾는데 많은 도움이 될 것이다.

스피치는 입으로만 하는 게 아니라 마음으로 느껴서 입으로 말해야 한다. 마음으로 느껴서 하지 않으면 척을 하는 것이다. 척을 하지 않고 마음으로 느껴서 스피치를 하기 위해서는 우선 당신의 인생이 즐거워야 한다.

어린이 스피치

스피치는 우리가 살아가는 동안 계속 진행된다. 태어나 옹알이를 하면서부터 말하기를 시작하고 유치원을 다니며 본격적으로 친구들과 대화를 나누고 의견을 공유한다. 말이 또래보다 더디거나 악을 쓰고 울며 말하는 아이들은 늘 목이 쉬어 있거나 말을 해도 잘 전달되지 않는다.

유치원에 갈 즈음부터 스피치 교육을 받으면 정확하게 발음을 할 수 있고 또래에 비해 좋은 언어 감각을 갖고 초등학교에 입학할 수 있다. 초등학교에 입학해서도 의사 표현을 잘하는 자신감 있는 어린이로 성장할 수 있다. 초등학교에 입학하면 반장 선거를 한다. 반장 선거에 참여하는 것은 사회성을 기르는 데 많은 도움이 된다. 반장 선거에 나가기 위해서는 연설문을 작성해야 하고 친구들에게 선거 공약을 잘 말해야 한다. 연설을 할 때는 설득력을 높이기 위해 말의 고저장단도 지키도록 노력해야 한다. 친구들 앞에서 연설을 해 봄으로써 자신감이 생길 수 있다.

초등학교 5학년 세원은 어린이 스피치 상담을 받기 위해 어머니와 함께 U 스피치에 방문했다. 상담을 시작하자마자 울며 이야기를 했다. 초등학교 3학년 때부터 반장 선거에 계속 나갔는데 지금까지 모두 다 떨어졌다는 것이다. 세원은 울면서도 2학기 때 또 나가고 싶다고 씩씩하게 말했다.

세원이는 포기하지 않고 열심히 스피치 학원에서 반장 선거를 준비해 반장이 되었다. 어른들도 자신이 원하는 일이 있을 때 몇 번을 도전을 해서 안 되면 포기하기 일쑤인데 세원이는 포기하지 않고 끝까지 도전해서 원하는 결과를 얻었다.

그동안 세원이가 반장 선거에 떨어졌던 이유는 말에 리듬감이 없어 의사 전달이 제대로 되지 않았기 때문이었다. 웅얼대다 보니 세원이의 말이 잘 들리지 않는 부분이 문제였다. 웅얼거리는 말이 친구들에게는 잘 들리지 않았을 테니 공약 또한 전달이 되지 않았다. 집에서는 아무리 열심히 준비해도 원인을 알 수 없었기에 계속 반장 선거에서 떨어졌던 것이다. 포기하지 않고 학원에서 꾸준히 연습한 덕분에 세원이는 좋은 결실을 거둘 수 있었다.

초등학교 3학년 은하. 은하는 U 스피치에서 교육받았던 친구의 소개로 스피치 교육을 받기 시작했다. 은하는 씩씩하고 명랑한 성격의 어린이지만 마음이 급해지면 말을 버벅대고 더듬었다.
첫 수업 시간, 자기소개를 시켜 보자 은하는 말을 많이 더듬었다. 말도 심하게 더듬고 자신감이 부족했던 은하도 스피치 수업을 열심히 듣고 난 후 3학년 2학기 때는 반장이 되었고, 그 이후로도 계속 도맡아서 반장이 될 정도로 인기 많은 어린이가 되었다.
스피치 수업에 열심히 참여하는 어린이들을 보면 무척 대견하고 기특하다. 스피치 실력이 향상되니 자신감도 높아지고 표정도 밝아진다. 아이들이 웃으니 학부모들은 더 좋아한다.

요즘은 중학교에 '3분 스피치'라는 수행평가가 있을 정도로 스피치의 중요성이 커졌다. '3분 스피치'는 3분이라는 시간 동안 정해진 주제에 맞게 스피치를 하는 것이다. 중학교 입학 전 스피치 훈련을 하는 것이 큰 도움이 된다.
고등학교 때는 스피치가 더욱 중요해진다. 대학 입시 준비를 위해 수시 면접 준비를 미리 해 두는 것이 좋다.

내신 성적이 좋지 않던 고등학교 3학년 석준은 직접 부모님과 함께 학원을 찾아왔다. 석준의 아버지는 얼마 전 아들이 갑자기 항공사 승무원이 되고 싶다고 말했다며 당시의 당혹감을 설명했다. 공부도 안 하고 친구들과 놀러다니기만 좋아하며 대학도 안 간다고 하더니, 갑자기 항공운항과에 입학하고 싶다는 게 아닌가. 알아보니 항공운항과에 입학하려면 보통 고등학교 1학년 때부터 준비하는 경우가 태반이었다. 그래서 지금부터라도 대학 면접을 준비해야 할 것 같다고 말했다. 면접이 두 달도 채 남지 않은 시간이었다.

나는 석준에게 왜 갑자기 항공운항과에 가고 싶어졌는지 물었다. 석준은 인터넷에서 적성 관련 자료를 본 적이 있는데 자신과 잘 맞고 잘할 수 있을 것 같다고 말했다. 지금까지 꿈이 없었는데 이제야 꿈을 찾은 것 같다던 석준의 눈빛을 난 지금도 잊을 수 없다. 간절함이 눈빛에 묻어 있었다. 옆에 있던 석준의 어머니는, 아들 또래 친구들은 2년 전부터 준비했는데 어떻게 2달을 남겨두고 합격할 수 있겠느냐며 기대도 하지 않는다고 말했다. 그래도 아들이 하고 싶다니 면접 준비는 해야 할 것 같아 스피치 학원을 찾아왔다고 했다. 상담을 마친 당일 석준과 고3 면접 스피치를 진행했다.

"자기소개 해 보세요."
"안녕하세요. 이석준입니다."
"자기소개가 끝난 건가요? 그럼 다음 질문에 대답해 보세요. 왜 우리 학과에 지원하게 되었나요?"

"저는 승무원이 되고 싶어요. 진로검사를 했는데 항공운항과가 제 적성에 맞을 것 같았어요. 그리고 공항의 공기도 좋고, 여행도 자주 가는 게 매력적이구요."
"그럼 공항이나 항공에 관련된 에피소드가 있나요?"
"우리 엄마가 면세점을 좋아하세요…"

나는 한참 동안 웃음을 멈출 수가 없었다. 교육생의 이러한 답변 하나하나를 나는 절대 놓치지 않는다. 답변이 엉뚱하더라도 나는 끝까지 다 듣는다.

고3 대학 수시 면접은 일반 성인들이 치르는 회사 면접과는 다르다. 아직 학생이라는 순수함과 대학교에 진학하고 싶어 하는 열정이 모두 답변에서 묻어나야 한다.

대학 입시 면접은 한 명씩 면접장에 들어가며 한 사람당 10~15분 정도 면접 시간이 주어진다. 나는 면접장에서 지원 동기를 물으면 아까 말했던 내용에 다음과 같은 내용을 추가해 보라고 말했다.

"제가 항공 운항과를 지원한 이유는 공항에 가면 마음이 늘 편하기 때문입니다. 공항이 친근한 이유가 있는데요. 사실 저희 엄마가 면세점을 좋아하십니다."

이렇게 말하면 면접관들이 석준을 엉뚱하지만 귀엽게 볼 거라 생각했다. 오프닝 효과를 활용하는 것이다. 예상치 않은 답변을 함으로써 집중을 시키는 것이다. 그리고 진지하게 지원동기를 이어서 말하면 된다.

"사실 제가 항공운항과를 지원한 이유는 우리나라 항공에 대해 깊이 공부하고 싶은 마음이 있고 승무원이 꿈이기 때문입니다. 가족여행을 갈 때마다 여행객의 입장이 아닌 여행객에게 서비스를 해 주는 사람이 되어 보고 싶다는 생각을 한 적이 많습니다. 그 꿈을 이루기 위해 이렇게 지원하게 되었습니다."

추가적으로 항공운항과에 입학해서 어떤 것을 중점으로 공부하고 싶은지를 꿈과 연결지어 답변을 하면 더 좋다. 석준은 두 달간 학원에서 면접 준비를 열심히 했다. 그리고 합격했다. 대학 수시 면접에서도 스피치가 중요하다.

어른의 스피치

성인이 되면 보통 회사에 입사하기 위해 회사 면접을 본다. 면접은 본인의 우월함을 잘 알려야 합격이 된다. 원하는 직장에 입사하기 위해 스피치를 배우고 익혀 두면 많은 도움이 된다. 스피치를 잘하면 승진이 빨라질 수도 있고 남을 잘 설득하고 신뢰감 가는 사람으로 인정받을 수 있다.

또한 이성을 만나 대화를 이어 가거나 호감을 사려면 외적으로도 호감 가는 인상이 중요하지만 호감 가는 스피치 또한 중요하다.

예를 들어 여기 잘생긴 청년이 있다. 외모는 잘생겼는데 수줍음이 많고 말도 더듬는 데다 자신감이 없는 사람이다. 여성들이 그에게 큰 매력을 느낄까?

반대로 평범한 20대의 여성이 있다. 평범한 외모지만 그녀의 말투에서는 카리스마와 함께 따뜻함이 묻어난다. 지혜로운 스피치를 할 줄 안다면 그녀의 매력이 배가 되어 보이지 않을까? 내적인 이미지를 결정짓는 것 중 하나가 바로 스피치이다.

평생 함께하고 싶은 사람이 생겼다. 결혼을 위해 양가 상견례를 할 때 상대방 부모님께 정확한 발음으로 소신 있고 자신감 있게 본인을 소개하고 미래에 대한 포부를 잘 말한다면 좋은 인상을 줄 수 있다.

반대로 자신감 없이 작고 웅얼거리는 목소리로 상대방 부모님께 스피치를 한다면 상대방 부모님은 어떻게 생각할까? 자식과 결혼을 시키기에는 썩 내키지 않는다며 저평가 받거나 오해를 살 수도 있다.

태권도 학원을 운영하는 관장님이 스피치 교육을 받은 적이 있었다. 태권도 협회 관련자를 포함해 다양한 사람들을 많이 만나기 때문에 말의 중요성을 느꼈다며 스피치 교육을 받기를 희망했다.

스피치 교육을 받고 난 후 그는 의견을 조리 있게 말하게 되었고 카리스마 있는 스피치를 하게 되었다. 그는 스피치 교육을 통해 느낀 게 많다며, 자신이 느낀 것에서 그치지 않고, 며느리에게도 스피치 교육을 받으면 좋겠다고 권유했다. 이전부터 며느리가 사람들과 대화를 할 때 눈을 마주치지 않고 대답도 짧게 하는 데다, 말수도 적고 자리를 피하니 답답함을 느꼈다고 했다. 그래서 며느리에게 스피치 교육을 받으면 좋을 것 같다고 말했고 며느리 또한 U 스피치에서 교육을 받고 난 후 자신감도 생기고 눈치 보지 않고 말을 잘하게 되었다.

결혼 후 아이가 태어났다. 아이들은 어른들에 비해 습득 능력이 빠르다. 부모의 정확한 음성과 발음을 듣고 자란 아이들은 또래보다 언어 능력이 훨씬 뛰어나다. 나 또한 부모님의 목소리가 크고 발음이 정확한 편이다. 아이들은 부모님의 모습을 보고 듣고 자란다. 부모님의 스피치에 영향을 크게 받는다.

노년에도 마찬가지이다. 관리를 잘하면 50대의 여성이 30대처럼 탄력 있는 피부를 유지하듯 스피치도 70대의 노인이지만 50대의 발성으로 말할 수 있다. 스피치를 잘하면 노년이 되어서도 올바른 발성과 발음이 몸에 익혀지고 습관이 되어 또래 노년에 비해 정확하게 말을 할 수 있다. 노년의 연기자들의 목소리가 나이에 비해 젊게 들리는 것처럼 말이다. 노년의 연기자들은 젊은 시절부터 소리 훈련을 많이 해서 발달되어 있기 때문이다.

우리 학원은 온 가족이 함께 다니는 스피치 학원으로 유명하다. 아내가 교육을 받고 너무 좋아 남편도 함께 다니고, 엄마가 교육을 받고 스피치가 많이 향상된 후 스피치의 중요성을 느껴 자녀들에게 권유해 함께 스피치 학원을 다니기도 한다.

공무원 영주 님은 15살의 중학생 딸과 11살의 아들과 함께 U 스피치에서 교육을 받았다.
외향적인 성격이 아니라 회사에서 발표를 할 때 항상 움츠러들던 그녀는 스피치 학원에 다닐까 말까 고민하다 큰 결심을 하고 수업을 등록했다. 큰 기대를 안 하고 스피치 교육을 받았는데 기대 이상의 결과를 얻어 너무 많은 도움이 되었다고 말했다.

막상 스피치 학원을 다녀 보니 어릴 때부터 배우면 너무 좋을 것 같다는 생각이 들었다. 영주 님은 스피치와 보이스 과정을 모두 수료하였고 자식들도 학원에 보내 스피치 교육을 받도록 했다.

부부 교육생도 있었다. 결혼한 지 2년 차 신혼부부인데 주말마다 두 분이 손을 꼭 잡고 와서 수업을 들었다. 회사 프레젠테이션 발표가 걱정이 되어 등록했던 남편이, 수업이 재미있다며 아내에게 같이 교육을 받자고 권해 함께 학원에 다니게 된 것이다. 아내는 소극적인 성격으로, 식당에 가서 반찬을 더 달라고 말해 보는 게 소원이라고 했다. 자신의 의견을 누군가에게 말하는 것이 힘들다던 그녀는 스피치 교육을 통해 많이 변화했다. 식당에 가면 늘 남편이 음식을 주문했는데 이제는 그녀가 나서서 주문을 하고, 사람들에게도 요구할 게 있으면 당당하게 요구할 수 있게 되었다.

또 다른 부부는 함께 유튜브 채널을 운영할 계획이라고 했다. 경매 컨설팅을 하고 있는데 유튜브에서는 정보를 명확히 잘 전달해야 한다는 생각이 들어서 스피치 교육을 받으러 왔다고 했다.

스피치는 훈련을 하면 얼마든지 좋아질 수 있다. 개선이 가능하다. 스피치를 즐겁게 하고 싶다면 노력을 하자. 나의 미래를 위해 스피치에 관심을 갖고 꾸준히 노력해 보길 바란다. 스피치가 마음에 들지

않는다면 스피치에 시간을 많이 투자하길 바란다.

　당신이 바뀌면 당신의 미래가 바뀌고 자녀가 있다면 아이의 미래까지도 바뀔 수 있다. 이 순간부터 당신을 변화시켜 보길 바란다. 스피치는 굉장히 중요하다. 즐거움을 알면 스피치를 잘할 수 있다.

즐겁게 말하는 방법

1. 여유로운 마음 갖기

2. 인생의 즐거움 찾기

3. 스피치 개선에 시간을 많이 투자하기

4. 누구나 끼 있게 말할 수 있다

내가 빠져야 청중도 빠져

'끼'는 재능, 타고난 능력, 특별한 소질을 뜻하는데 주로 예술적 감각이나 표현력과 관련해서 많이 쓰인다. 연예인이나 방송인, 음악인, 예술인 등이 공통적으로 갖춘 것이 바로 '끼'이다.

'끼' 있는 스피치란 첫 번째, 자신이 즐기며 하는 것이다. 즐기면서 스피치를 하면 그것이 곧 끼 있는 스피치다. 즐기면서 스피치를 하면 에너지 있게, 자신감 있게 말할 수 있다. 사람에게서 느껴지는 에너지는 정말 중요하다. 에너지가 크게 느껴지는 사람들에게는 밝은 기운이 느껴진다. 같이 있는 사람도 덩달아 밝아지는 기분이 든다.

스피치를 하려면 완벽이라는 단어를 없애 버려야 한다. 완벽하게 하려 하지 말고 즐기자. '끼'라는 것을 중요시하는 회사들도 많다. 과거 S전자는 창의적 인재 확보를 위해 능력 있는 인재는 필기시험을 면제해 주고 면접만으로 뽑는 특별 전형을 실시하기도 했다. 끼 있는 인재, 창의적인 인재를 원한다는 것이다.

두 번째, '끼' 있는 스피치는 재치와 유머 감각이 있는 스피치를 말한다. 개그맨들은 '끼'가 많다. 나도 SBS 공채 개그맨 출신이다. 나도 '끼'가 많다고 생각한다. 개그맨들이 끼가 많은 이유는 재치와 유머 감각이 있기 때문이다. 재치 있는 입담과 유머 감각을 가진 사람 주변으로는 늘 사람들이 모인다. 그 사람과 함께 있으면 즐겁고 기분 좋기 때문이다. 재치 있는 사람이란 반전 있는 사람이라고 나는 말하고 싶다. 재치 있게 말하고 싶다면 반전을 주자.

내가 많이 하는 유머 중 하나는 "안 다친 거 아니야?"다. 보통 넘어지면 "다쳤어? 괜찮아?"라고 말하는 게 정석인데 나는 친한 지인들에게 이렇게 장난을 친다.

"안 다친 거 아니야?"

그럼 사람들이 박장대소한다. 가령 함께 길을 걷던 친구가 핸드폰을 보다가 넘어졌을 때 "안 다친 거 아니야?"라고 하는 것이다. 원래는 "다친 거 아니야?"가 맞는 말인데 나는 반대로 말한다.

물론 이런 유머는 아무 때나 하면 안 된다. 나와 상대방의 친밀도에 따라 해야지 아무 때나 하면 이상한 사람으로 낙인찍힌다. 그래서 유머는 타이밍도 중요한 것이다.

재치 있게 말하려면 나만의 유행어를 만들어도 좋다. 개그맨들에게만 유행어가 있는 게 아니다. 나만의 유행어를 만들면 사람들은 당신을 볼 때마다 그 유행어를 떠올릴 것이다.

　재치와 유머 감각이 있는 스피치는 계속 대화를 하고 싶고 듣고 싶게 만든다. 재치 있는 스피치에는 약간의 과장도 필요하다. 거짓말을 하라는 게 아니다. 음성과 표정에 약간의 과장을 더해 표현하면 재미있게 이야기를 들을 수 있다. 개그맨들의 표정을 보면 알 수 있다. 같은 말을 해도 개그맨들이 웃긴 이유가 바로 그것이다.

　내 강의를 듣는 사람들은 재미있고 유쾌하다고 자주 말한다. 스피치 교육을 받는 교육생들은 수업 시간이 무척 재미있고 시간이 너무 빨리 간다며 애교 섞인 하소연을 하기도 한다. 공채 개그맨 출신의 스피치 강사라 그런지 내 수업에서는 수강생들이 늘 웃는다.

　'끼'가 있다는 것은 그 누구도 따라 할 수 없는 본인만의 매력, 즉 마력이 있다는 것이다. 창의적이고 창조적인 사람에게 있는 공통적인 특성이기도 하다.

　내가 졸업한 서울예술대학교는 개그맨 유재석, 신동엽, 김용만, 컬투 김태균, 그리고 배우 손예진, 박진주, 차태현, 전도연, 가수 이범수, 이무진, 장윤정, 김종서, 문희준 등 수많은 연예인을 배출한 학교다. '끼' 있는 사람들이 정말 많다. 대학 시절 세상에는 정말 '끼' 있는 사람이 많다는 것을 알게 되었다. 재미있고 유쾌한 스피치를 원한다면 내게 잠재된 '끼'를 확인해 보자.

　잠재된 '끼'는 내 틀에서 살짝만 벗어나도 금방 확인할 수 있다. '끼'는 용기다. 안 했던 것들을 해 봄으로써 나의 잠재된 끼를 확인할 수 있다. 공포 영화나 스릴러 영화를 좋아했던 사람이라면 멜로 영화를 보면서 감정선을 만들거나 경제, 경영, 인문학 책을 자주 읽는 사람이라면 자기 계발서, 소설을 읽어 보며 내 안의 틀을 깨 보려 노력하는 것이다. 예상 외로 당신이 '끼' 있는 사람이라는 것을 알 수 있을 것이다.

내 안의 다양성을 알아볼 필요성이 있다. 잠재된 '끼'를 확인하려면 용기를 갖고 변화를 시작해야 한다. 변화하지 않으면 '끼'를 확인할 수 없다. 내가 변화하면 더 나은 나로 성장하고 발전할 수 있다.

끼가 없어 남들 앞에 서는 게 힘들었던 병진 님은 건축사이다. 늘 말하는 게 힘들던 그는 건축대회 심사위원으로 선정되었다. 심사를 하며 심사평을 한마디씩 해야 하는데 너무 떨렸다. 좋아하는 직업을 선택해서 너무 행복하지만 의뢰자를 만나 건축 설명을 하거나 말을 해야 하는 자리가 있으면 힘들었다.

친형은 끼가 많고 남 앞에 서는 것을 좋아해 직업이 뮤지컬 배우라고 했다. 하지만 자기는 남들 앞에 서는 게 너무나 두렵고 무서웠다고 한다. 형처럼 되고 싶어 혼자서 노력도 해 보았지만 안 되었다던 그도 스피치 교육을 통해 잠재된 끼를 발견하고 어느 곳에서든지 더 이상 두려워하지 않고 스피치를 잘하게 되었다. 나는 그에게 자신의 틀을 깨면 끼는 발견할 수 있다고 말했다.

나는 그에게 피하려 했던 것들을 해 보라고 말했다. 그는 힙합 음악을 굉장히 싫어했다. 시끄럽거나 리듬이 많은 음악은 싫다고 했다. 뉴에이지 음악이나 발라드 음악만 들었다. 나는 그에게 좋아하지 않는 음악도 피하지 말라며 시끄럽지 않은 힙합 음악도 있으니 선입견을 버리고 한번 들어 보라고 말했다. 그는 도전하는 삶을 한 번도 살아 보지 않았다. 늘 안전하고 안정적이고 익숙한 것만을 좋아했다. 건축학과에서 교수를 맡아 달라는 연락이 몇 번 왔는데도 늘 피했다. 해 보지 않았던 거라며 무서워했다.

하지만 그는 변화했다. 스피치 학원을 다니면서 마인드가 바뀌었고 교수 자리를 승낙했다. 과거의 자신이라면 정말 꿈에도 생각 못 할 일이라고 말했다. 대학에서의 첫 강의도 역시나 두려워했다. 학원에서 시강을 해 보고 열심히 준비했다. 두려워했던 것도 잠시, 첫 강의는 성공적이었다. 지금도 건축사 활동을 하며 교수 생활도 이어가고 있다.

이후에 그에게 또 주문을 했다. 지인들을 만나면 본인의 이야기를 짧게라도 꼭 하고 오라고 말했다. 얼마 뒤 그는 오랜만에 건축 관련 지인을 만났다. 원래 사람들을 만나면 자신의 이야기를 잘 하지 않고 듣기만 하던 그였다. 하지만 이번에는 달랐다. 자신의 이야기를 했다. 자신이 설계한 병원에 대해 이야기를 했더니 지인은 너무 좋다며 아는 잡지사를 소개해 줄 테니 인터뷰를 해 보라고 했다. 예전의 그라면 또 거절했을 것이다. 하지만 이번에는 거절하지 않았다. 잡지사를 만나 인터뷰도 하고 건축 잡지에도 실렸다. 잠재되어 있던 끼를 발견하며 그는 능동적인 사람으로 변화했다.

당신이 변화하면 세상이 당신을 반길 것이다. 변화하지 않으면 세상은 당신을 모른 체할 것이다. 지나간 일을 후회만 말고 과거에 후회했던 상황이 온다면 더 이상 후회하지 않기 위해 새로운 선택을 해라. 그리고 변화한 새로운 나의 모습을 상상하라. 과거의 모습은 잊고 새롭게 태어나라.

교육생들이 자주 묻는 질문 중 하나는 나에게 원래부터 말을 잘했느냐라는 것이다. 나는 어릴 적부터 독서를 굉장히 좋아했고 말하는 것을 좋아했다. 나만의 스트레스 해소 방법 중 하나는 무작정 대형 서점에 가서 몇 시간씩 책을 읽는 것이다.

나는 주말마다 잘 알려지지 않은 서점을 투어하기도 한다. 대형 서점과는 또 다른 느낌이다. 서점이 있는 곳이라면 서울과 수도권, 지방을 가리지 않고 언제나 달려간다. 국내든 국외든 여행지에 가면 항상 근처 책방을 찾는다.

나는 '책의 향기'가 좋다. 책의 냄새보다는 '책의 향기'라고 표현하고 싶다. 서점에 들어가서 나를 기다리는 책들을 보면 마음이 치유된다. 그래서일까? 나는 글을 사랑한다. 글이 있는 책을 사랑하고 글을 말하는 스피치를 좋아한다. 글쓰기도 좋아한다. 그래서 지금 이 시간에도 글을 쓰고 있고 책을 5권 집필한 작가이기도 하다.

독서를 많이 하면 끼 있는 스피치를 할 수 있다. 어휘력이 풍부해지니 스피치에 매우 도움이 된다. 말 잘하는 사람이 모두 다 독서를 많이 하는 건 아니지만 독서를 많이 하는 사람이 말을 잘할 확률은 높다. 독서를 통해 많은 지식을 갖추고 있으니 스피치 이론을 알고 적용하면 독서를 하지 않는 사람보다 훨씬 더 말을 잘할 수 있는 것이다. 또, 오감을 발달시키면 스피치를 즐겁게 잘할 수 있다. 끼 있게 스피치를 하려면 오감을 활용해보자.

스피치 오감 활용

미각

미각은 뇌의 감정 영역과 연결이 되어 있다. 발달한 미각은 감정 표현에도 영향을 미칠 확률이 높다. 미각은 단순히 입에서 맛만 느끼는 게 아니라, 감정·기억·쾌감과 밀접하게 연결된 뇌 영역(편도체, 해마, 보상중추 등)을 활성화시킨다. 이 말은 맛을 떠올리거나 표현할 때 감정도 활성화된다는 뜻이다. 스피치에서 감정을 더 생생하게 표현하거나 전달하는 데 미각적 이미지를 활용할 수도 있다.

미각은 맛을 느끼는 감각이다. 스피치에서 미각을 살리라 함은 본인의 스피치를 맛깔스럽게 하라는 의미로, 리듬감 있고 재미있게 상대방에게 전달하라는 뜻이다.

시각

스피치에서 시각을 빼놓을 수 없다. 깊은 상관관계가 있다. 사람의 말은 '귀로' 듣지만, 스피치를 하는 사람도 스피치를 듣는 사람도 서로 바라봐야 한다.

시각을 활용한다는 것은 스피치를 할 때 아이 콘택트를 잘하는 것을 의미한다. 서로 눈을 응시하며 소통을 하는 것이다. 아이 콘택트를 할 때는 앞서 말한 대로 인중을 보는 것이 좋다. 시선이 높지 않아 겸손해 보이고 고개가 약간 아래로 내려가 예뻐 보이며 상대에게 부담스럽지 않은 시선을 전달할 수 있다. 같은 내용을 말해도 눈을 보며 말하는 사람과 바닥을 보며 말하는 사람에 대한 청중의 몰입도는 다르다.

청각

스피치를 잘하려면 듣는 감각이 중요하다. 사실 스피치는 '말하는 능력'이 아니라 '듣는 감각'에서 시작된다. 말을 잘하는 사람의 공통점은 말소리를 '듣는' 능력이 뛰어나다는 것이다. 청각은 공감과 반응을 만드는 도구이다. 스피치에서 중요한 건 청중의 반응을 '듣는 것'이다. 청중의 웃음, 숨소리, 침묵, 웅성거림 등을 청각으로 감지하면 말하는 사람은 그에 맞춰 말의 흐름, 속도, 감정 표현을 조절할 수 있다.

스피치를 잘하기 위해서는 먼저 잘 들어야 한다. 상대방이 무슨 말을 하는지 알아야 그에 대한 답변을 말할 수 있고, 상대방의 질문 의도를 파악할 수 있다. 앞서 말한 경청에 관한 부분이다. 스피치의 시작은 우선 상대의 스피치를 잘 들어 주는 것이다.

촉각

흔히들 "말하는데 굳이 촉각이 필요한가?"라며 의아해한다. 반드시 필요하다. 상대방이 스피치를 할 때 맞장구를 쳐 주라는 것이다. 스피치에는 1:2:3법칙이라는 것이 있다. 한 번 말하고 두 번 듣고 세 번 맞장구쳐라! 라는 말이다. 맞장구라는 부분은 여기에서 촉각을 말한다. 상대방과 하이파이브를 해도 좋고 스스로 말을 하면서 박수를 치는 것도 좋다. 대선을 앞둔 대선 후보자들이 사람이 많은 곳에 가서 무엇을 하는가? 악수를 한다. 악수와 같이 스킨십을 하면 편안한 느낌을 전달할 수 있다. 손의 감각은 제스처와 표현력에 직접적인 영향을 미친다. 손은 촉각의 중심이자, 스피치의 비언어 표현 도구이다. 손이 너무 긴장하거나 굳어 있으면 제스처가 작아지고, 스피치의 생동감을 떨어뜨린다.

후각
기분 좋은 향이 나는 사람이 있다. 스피치적으로 풀이하자면 느낌이라고 말하고 싶다. 사람에게는 모두 각기 다른 느낌이 있다. 도시적인 이미지, 차분한 이미지, 재미난 이미지 등 각기 다른 매력이 있다. 본인의 스피치 향을 찾아보라고 말하고 싶다. 당신만의 향을 스피치에 녹여 보길 바란다는 것이다.

또한 '후각 자극'은 발표나 말을 해야 하는 상황을 앞두고 있을 때 심리 안정에 도움을 준다. 아로마 오일의 향은 심리적 긴장을 완화시키고, 호흡을 깊게 하여 발성 안정에 도움을 준다. 또 긴장될 때는 발표 전 라벤더향을 맡으면 안정감을 느낄 수 있다.

여기에 하나 추가적으로 더해야 하는 것이 바로 육감이다. 육감은 다른 말로 직감이다. 일종의 센스와 순발력, Feel이라고 생각하면 된다. 육감과 센스는 대부분의 예능인과 개그맨들에게 많이 발달되어 있

다. 웃음을 줘야 하는 타이밍을 발견하기 위해서는 반드시 센스가 필요하다.

이 책을 읽는 독자 중에 "나는 육감이 발달되지 않고 센스가 없는 사람인데 어떡하죠?"라고 고민하는 사람에게는 일부러 유머집을 찾아 외우려 하지 말고 친구들과 카페에서 대화를 하면서, 또는 술자리에서 아는 지인들과 대화를 하면서 많이 웃고 즐겼던 재미있었던 상황들을 기억하거나 메모를 하는 방법을 추천한다. 일부러 준비하는 유머보다는 일상에서의 재미있는 상황이 더 공감되기 때문이다.

재치 있는 입담과 센스, 육감이 발달되어 있다면 스피치의 즐거움이 배가 될 것이다. 본인의 느낌을 믿고 당당하게 스피치를 시작하라. 스피치를 할 때에는 오감(미각, 시각, 청각, 촉각, 후각)과 육감을 생각하라! 오감+육감을 잘 활용한다면 당신의 스피치는 성공적일 것이다.

끼 있게 말하는 방법

1. 즐기면서 말하자.

2. 재치와 유머 감각을 활용하자.

3. 내 안의 다양성을 찾아보자.

제5장

스피치를 잘하면 눈도장을 찍을 수 있다

1. 에너지가 있으면 생기있게 말할 수 있다

말보다 먼저 느껴지는 에너지

에너지가 있는 사람들은 얼굴이 매우 밝고 환하다. 인간관계에서 긍정적인 부분이 매우 많다. 에너지가 있는 사람은 함께 있을 때 기분이 좋아지고 오랫동안 같이 있고 싶다는 생각이 든다. 그래서인지 이들 곁에는 사람들이 끊이질 않는다. 모임도 많고 찾는 사람들도 많다. 어디서든지 환영받는다.

사람들은 보통 에너지 있는 사람들을 좋아한다. 에너지 있는 사람은 자꾸만 보고 싶어지는 매력이 있다. 계속 찾고 싶고 연락하고 싶고 만나고 싶어진다.

에너지가 있는 사람들은 굉장히 열정적이다. 현실에 안주하지 않고 성장을 멈추지 않는다. 자기 계발도 열심히 하기 때문에 점점 발전하고 성장해 간다. 집에 있는 것보다는 돌아다니는 것을 좋아하고 사람 만나는 것을 좋아한다. 사람들을 만남으로써 자신의 에너지도 채우고 사람들에게 좋은 에너지도 준다.

대화할 때 표정도 밝다. 어디서든 자신감이 있어서 보기 좋다. 위축되지 않고 당당하다. 같이 있는 사람들도 덩달아 자신감이 생긴다. 곁에 있으면 든든하기까지 하니 정말 매력적인 사람들이다.

사람은 에너지가 있어야 한다. 에너지 있는 사람은 눈빛이 살아 있고 급하지 않고 여유로워 보인다. 대화를 할 때도 굉장히 열정적이라 그 열정이 듣는 사람들에게도 고스란히 전해진다. 열정은 에너지의 원천이다. 그 열정이 사람들에게 느껴지는 것이다.

에너지가 있는 사람들은 목소리가 작지 않다. 에너지를 외부로 전달하기 때문이다. 스피치에도 에너지가 있어야 한다. 힘, 즉 파워가 있어야 한다. **비단 말에만 힘이 있는 것이 아니라 눈빛, 얼굴의 근육, 웃음소리, 제스처 등 이러한 모든** 것에 힘이 있다.

에너지 있게 스피치를 하다 보면 어느 순간 당신도 에너지 있는 스피치의 달인이 되어 있을 것이다. 단순히 목소리만 크다고 에너지 있는 스피치가 되는 것은 아니다. 말하는 사람의 전체적인 모습에서 에너지가 느껴져야 한다.

에너지 있게 말하는 사람들은 명료하고 명확하게 말한다. 말하고자 하는 바를 정확하게 전달한다. 발음이 정확하면 에너지 있는 스피치를 하는 데 도움이 된다. 야무지고 똑똑해 보이니, 우유부단해 보이지 않는다.

아나운서들은 에너지 있는 스피치를 한다. 발음과 발성이 정확하기 때문에 반듯하고 똑똑해 보인다. 웅얼대거나 입을 크게 벌리지 않고 어눌하게 말하면 에너지 있는 스피치를 할 수 없다. 말끝을 흐리는 것도 마찬가지다. 말을 너무 느리게 하면 에너지 있게 말할 수 없다. 적정한 속도로 말해야 한다. 너무 느리게 말하면 답답하다.

운동선수 출신 MC의 에너지 스피치

몸을 쓰며 말하는 것도 에너지 있는 모습을 보여 줄 수 있다. 생동감 있어 보인다. **특히 말에서의 에너지는 리듬감에서 나온다. 리듬감 없이 말하면 무미건조하고 단조로워 보인다.**

운동선수 출신의 방송인들은 에너지가 강하다. 씨름 선수 출신 강호동, 농구 선수 출신 서장훈, 축구 선수 출신 안정환 등 그들 모두 에너지가 있다. 목소리가 작지 않고 힘이 느껴진다. 몸에서도 눈빛에서도 스피치에서도 에너지가 느껴진다.

스피치는 사람과 사람을 연결하는 재료다. 요리를 할 때도 몸에 좋은 재료들로 요리를 하면 건강해진다. 스피치도 그렇다. 사람과 사람을 연결하는 재료인 말을 어떻게 하느냐에 따라 사람 간에 끈끈한 관계를 맺을 수도 있고 틀어질 수도 있다. 스피치에 에너지가 있으면 끈끈한 관계를 맺을 수 있다.

운동선수 출신으로 가장 유명한 MC는 강호동이다. 그의 스피치에는 강한 에너지가 있다.

강호동의 원래 직업은 씨름 선수였다. 천하장사 씨름 선수 강호동은 씨름계에서 은퇴한 후 씨름 지도자로서가 아닌 예능인으로서 방송에 얼굴을 드러냈다. 그의 스피치와 음성은 폭발적이며 힘이 있다. 온몸에서 목소리가 나오는 것 같다. 촬영을 할 때 카메라 앵글이 그를 여러 구도로 잡을 때도 늘 큰 목소리로 에너지 있게 스피치를 한다. 에너지가 늘 한결같다. 또한, 말과 함께 표정도 생동감이 넘치니, 그의 말 한마디 한마디에서 굉장한 힘이 느껴진다.

비단 말에만 힘이 있는 것이 아니다. 눈에서 나오는 광채, 얼굴 근육의 쓰임, 웃음소리, 입가에 번지는 미소, 상대를 향한 제스처, 동선 등 모든 것이 파워 스피치인 것이다.

강호동의 액션과 리액션은 그의 스피치 기술에 플러스 요인이 된다. 상대방이 스피치를 할 때 반응하는 그의 액션과 리액션은 경이롭기까지 하다. 큰 동작과 얼굴의 근육을 모두 사용해서 반응하는 그는 정말 대단한 MC이다.

또한, 스피치를 잘하려면 뻔뻔함도 중요하다. 강호동은 같은 프로그램의 출연자나 게스트들이 그에게 장난을 치거나 화를 내도 굴하지 않고 뻔뻔하게 그리고 재미있게 액션을 취해 가며 스피치를 한다.

강호동은 같은 프로그램에 출연한 게스트들에게 과하다 싶은 리액션을 제공해 게스트들이 자신감을 얻고 답변을 잘하게 만들어 준다. 게스트들에게 당신은 대단하다, 당신은 최고다, 라고 느낄 수 있는 리액션을 많이 해 준다. 강호동의 스피치를 따라 하다 보면 어느 순간 당신도 에너지 있는 스피치의 달인이 되어 있을 것이다.

강호동은 온몸을 사용해 다양한 액션을 하며 스피치를 한다. 항상 에너지 있는 톤으로 말한다. 소리가 크고 톤이 높다. 목소리가 작거나 소리가 들어가는 걸 본 적이 없다. 옆에 있는 사람도 덩달아 에너지가 생기는 기분이다. 또, 말할 때 강조와 반복을 굉장히 많이 한다. 반복적으로 말을 한다는 것은 곧 강조를 뜻한다. 강호동 스피치 특징 중 하나이다.

강호동은 몸이 풀려 있다. 항상 몸을 움직이면서 말한다. 몸이 풀려 있다는 것은 경직되지 않았다는 의미이다. 에너지 있는 사람들은 활기와 활력이 있어 보인다. 지쳐 보이지 않고 생기 있어 보인다. 의기소침해 보이지 않고 생명력이 느껴진다. 에너지 있게 스피치를 하려면 자기의 소신과 주관이 있어야 한다. 눈치 보며 타인에게 끌려다니는 것이 아니라 중심이 있어야 한다. 그럼 자신감이 생기고 에너지 있게 말할 수 있다.

또, 변화를 받아들여야 한다. 소극적이고 조용한 스피치를 했던 사람이 에너지 있는 스피치를 하려면 변화를 받아들이고 적극적으로 목소리와 동작을 크게 하려고 노력해야 한다. 원래 작은 목소리라서 못한다고 생각하지 말자. 당당하게 말하려고 해 보자.

나는 주위에서 불리는 별명이 있다. 바로 '유쾌한 신 선생'이다. 사람들은 날 유쾌한 사람이라고 한다. 함께 있으면 기분이 좋아지고 긍정의 에너지가 느껴진다고 한다. 강호동도 유쾌한 사람 같다. 유쾌한 사람들의 공통점은 밝다. 유쾌한 사람들은 우선 편안함을 느끼게 한다. 처음 만나는 사람인데도 불편하지 않고 자연스럽게 마음이 놓인다. 교육생들은 U 스피치는 유쾌하고 편안한 공간이라고 많이들 말한다.

시니어 스피치

우리 학원에는 '시니어 스피치'라는 교육이 있다. 시니어 대상(50대 이상~노인)의 스피치로 자신감 있게 자신의 감정을 전달하는 스피치 교육이다. 시니어들은 은퇴를 하고 시간이 많다. 그런데 시간은 많지만 만나야 할 사람이 적다. 만나고 싶어도 만날 사람이 적다. 그들을 찾아주는 이들이 적다. 노인이 되면 근육이 빠지고 근력이 감소한다. 그런데 몸뿐만이 아니라 마음의 근력도 빠지고 목, 성대의 근육도 줄어든다.

'시니어 스피치' 교육은 마음의 근력과 목소리의 근력을 찾는 스피치 교육 과정이다. 노인이 되면 에너지가 없어진다. 걸어 다닐 때도 예전 같지 않고 어깨는 축 처져 있다. 시니어 스피치 교육이 노인들에게 필요한 이유는 나이가 들어가면 근육이 전체적으로 빠지면서 성대의 근육도 줄어들기 때문이다. 그래서 노인들의 목소리는 탄력 있는 소리가 아니고 힘이 빠져 잘 들리지 않는다.

말을 해도 자녀들은 노인이 된 그들의 목소리가 잘 들리지 않아 반복적으로 물어보기 십상이고 카페에 가서 음료 주문을 하려 해도 잘 들리지 않게 말하는 경우가 많다. 목에 근력이 없기 때문이다. 정확히 말하면 성대의 근육이 줄어들었기 때문이다.

우리 몸은 쓸수록 근육이 생긴다. 목소리도 똑같다. 말해야 한다.

자주 써야 한다. 성대의 근육을 발달시켜야 한다. 그래야 에너지가 생기고 성대도 튼튼해져 말을 잘할 수 있다.

나이가 있는 연기자들은 또래에 비해 목소리가 낭랑하고 잘 들린다. 배우 윤여정, 강부자, 전원주, 선우용녀는 또래에 비해 목소리가 잘 들린다. 직업적으로 계속 말을 했기 때문이다. 특히나 선우용녀는 현재 81세로 언론에서 한국 최고령 유튜버라며 소개됐다.

그녀가 유튜버를 할 수 있었던 이유는 인지도도 있지만 그녀의 발성과 발음, 스피치가 듣기 좋기 때문이다. 글을 읽고 있는 당신이 시니어라면 혹은 당신의 부모님께서 시니어로 은퇴하여 현재 심심한 일상을 보내고 계시다면 스피치 연습을 잘해서 유튜버에 도전해 보길 추천한다.

시니어에게 스피치는 특히 중요하다. 몸의 근육만 채우는 것이 아니라 목의 근육, 그리고 마음 근육을 채워야 한다. 노인들은 말할 사람이 없다 보니 이야기할 수 있는 환경이 잘 조성되지 않는다.

시니어를 지도하면서 '인생에서 가장 행복했던 순간은 언제셨어요?' '어제 어떤 드라마를 보셨나요?' '가장 좋아하는 반찬은 무엇인가요?' 등 이런 가벼운 질문을 했을 뿐인데도 그들은 즐겁고 행복하게 이야기를 한다. 이런 소소한 질문들을 통해 과거의 모습에서 추억을 회상하고 현재의 모습에서 즐거움을 찾고 미래의 모습을 그려 보며 희망을 찾는 것이다.

시니어들이 스피치를 배우면 치매 예방에도 좋다. 생각하고 기억하고 말하는 훈련을 하기 때문이다. 이런 훈련은 모두 에너지 있게 말하기 위한 스피치 훈련이다.

액션과 리액션

에너지 있는 스피치는 남녀노소 누구에게나 매우 중요하다. 말을 들을 때도 에너지가 필요하다. 이를 리액션이라고 한다.

리액션이 좋으면 말하는 사람은 신이 나서 말을 더 잘하게 된다. 아이들은 어른들이 "정말?" "우와." "대단하다!"와 같이 호응을 해 주면 기뻐하면서 말을 더 잘 듣는다. 아이들뿐만 아니라 어른도 마찬가지다.

에너지 있는 리액션은 표정에서부터 나타난다. 무표정으로 상대의 이야기를 들으면 상대는 교감을 할 수 없다. 웃거나 눈썹을 움직이거나 눈을 크게 뜬다거나 입을 살짝 벌리면서 리액션을 보여 줄 수 있다.

리액션을 하는 사람은 말하는 사람보다 더 많은 말을 해서는 안 된다. 말하는 사람은 자신의 이야기를 더 잘 들어 주길 원한다. 리액션을 할 때는 감정을 담아 귀 기울여 잘 듣고 있다는 표현만 하면 된다. "정말?" "와." "웬일이야." "아이고." "어떡하니…." "괜찮을 거야." 등 느끼는 그대로 반응해 주면 된다.

이야기 도중 상대방과 대화 코드가 맞지 않거나 다른 의견이 나오면 "그렇구나. 그럴 수 있어."라고 말하면 서로 언성을 높이지 않고 기분 좋게 대화할 수 있다.

리액션은 상대방이 이야기하고 난 후 바로 반응을 해 주는 게 좋다. 상대방의 말이 끝나기도 전에 반응을 하면 상대는 기계적인 반응으로 느낄 것이고, 말이 끝나고 한참 뒤에 반응하면 진정성이 의심될 수밖에 없기 때문이다.

　리액션이 힘들다면 리액션을 잘하는 친구의 표정을 따라 해 보면 좋다. 예능 프로그램에 등장하는 예능인들의 모습도 모니터해 보자. 예능인들은 리액션이 참 좋다. 리액션이 좋은 사람 옆에 있으면 말하는 것도 즐거워진다. 액션과 리액션 모두 다 중요하다.

　액션과 리액션을 취하며 스피치를 하기 위해서는 몸을 경직시키지 않고 풀어 주는 훈련이 필요하다. 몸이 굳어 있으면 액션과 리액션을 하기 힘들다. 평상시 적절한 운동과 스트레칭을 통해 몸을 이완시키는 것이 중요하며 말을 할 때는 되도록 제스처를 크게 하고 상대방의 이야기를 들을 때는 몸으로 듣는 습관을 갖도록 하자.

　서양 사람들은 액션과 리액션이 좋다. 우리나라는 유교 사상이 발달되어 보수적인 편이다. 특히, 남성은 여성에 비해 감정을 드러내거나 표현하기를 많이 어려워한다. 예전 어르신들은 밥상에서 남자가 말을 하려고 하면 말이 많다고 나무랐다. 서양에서는 다르다. 남녀노소 누구나 대화를 편하게 하면서 식사를 한다.

　문화적 차이에서부터 스피치의 표현 방법이 달라진다. 에너지 있게 소리 내어 말하고 싶어도 그럴 수 없는 상황이었던 것이다.

　이제부터는 에너지 있게 말해 보자.

에너지 있게 스피치 하는 방법

1. 눈빛, 표정, 스피치에서 모두 에너지를 보여 주자.

2. 명료하고 명확하게 말하자.

3. 리듬감 있게 말하자.

2. 비언어적인 요소는 스피치의 핵심이다

비언어적인 요소는 스피치의 9할

스피치는 언어적인 요소와 비언어적인 요소 모두 중요하다.

언어적인 요소는 말하고자 하는 내용이고 비언어적인 요소는 내용을 제외한 손동작, 동선, 아이 콘택트, 호흡, 목소리 등이라고 생각하면 된다. **즉, 비언어적인 요소는 말로 표현하지 않고도 의사소통에 영향을 주는 모든 요소를 말한다.** 비언어적인 요소에는 옷, 패션, 액세서리, 화장법 등 이미지 메이킹도 포함된다.

내용만 좋으면 훌륭한 스피치라고 착각하는 경우가 있는데, 이는 잘못된 생각이다. 스피치에서는 언어적인 요소보다 비언어적인 요소가 훨씬 중요하다.

앞에서도 한 번 설명했지만, 스피치 이론 중에는 메라비언 법칙이라는 것이 있다. 커뮤니케이션 이론으로, 말을 할 때 시각이 차지하는 비중이 55%, 청각은 38%, 언어는 7%로, 비언어적인 요소가 차지하는 비중이 93%이다. 말의 내용은 7%의 비중으로, 상대에게 미치는 영향은 미비하다.

특히 감정이 들어가야 하는 상황에서의 스피치는 비언어적인 면이 더 돋보여야 한다. 비언어적인 요소에서 손의 사용은 결코 빼놓을 수 없다. 스피치 내용에 맞게 손동작을 하면서 스피치를 하면 손을 쓰지 않을 때보다 말하기가 훨씬 편할 뿐더러 떨림도 적다. 전달력도 좋아진다. 비언어적인 요소를 잘 활용하면 신뢰감 형성과 설득력에 영향을 준다. 가만히 차렷하고 말하는 사람보다 손을 쓰며 느끼면서 내용을 전달하는 사람에게서 신뢰감을 더 받는다.

손을 쓰지 않고 경직된 모습으로 스피치를 하면 이야기를 듣는 상대도 불편함을 느낀다. 손을 쓰면서 말하면 손을 쓰지 않고 말할 때보다 설득을 더 잘할 수 있다.

설득을 잘하는 사람들은 말할 때 모두 손을 사용한다. 사람은 몸에서 반응을 한다. 내가 진짜 느끼는 바를 진심으로 말하면 손, 고개, 몸이 경직되지 않고 자연스럽게 움직이게 된다.

비언어적인 요소에서 또 중요한 것은 표정이다. 무표정하게 뚱한 얼굴로 막힘없이 말하는 건 말을 잘하는 것이 아니다. 스피치는 교감하며 해야 한다. 말을 외워서 하거나 읊으면서 하면 안 된다.

언어적인 요소와 비언어적인 요소가 일치할 때 사람들은 진정성을 느낀다. 가식이 아닌 진심으로 말한다고 느낀다. 말은 진심으로 해야 한다. 설득력 있는 스피치를 하기 위해서는 눈빛, 손동작, 표정 등

이 모든 것이 다 중요하다.

농담을 했을 때 재미있는 농담처럼 들리는 사람이 있는가 하면 오히려 상대를 기분 나쁘게 하는 사람이 있다. 이유가 뭘까? 농담을 너무 진지하게 하면 상대방은 농담이라고 받아들이기 어렵다. 농담을 할 때는 비언어적인 요소 중 하나인 표정으로 "내가 지금 농담하는 거야."라고 힌트를 줘야 상대방이 기분 나쁘지 않게 받아들일 수 있다.

비언어적인 요소 중 호흡을 잘 활용하는 것도 중요하다. 호흡을 잘 활용한다는 것은 스피치를 할 때 쉼, 다시 말해 pause를 잘 활용한다는 것이다.

호흡을 잘 활용하는 스피커 중 대표적인 인물로는 MBC 전 아나운서이자 TV조선 〈미스터 트롯〉의 진행자였던 김성주를 꼽을 수 있다. 요즘은 '아나테이너'가 대세다. '아나테이너'란 '아나운서 announcer'와 '엔터테이너 entertainer'를 합친 신조어다. 아나운서라는 반듯한 이미지에 위트까지 있는 엔터테이너의 대표적인 인물이 김성주다. 그는 긴장하지 않고 쇼 프로그램에서 끼를 발휘하며 방송하는 모습을 보여 준다.

아나테이너의 강점은 전달력이다. 아나운서에게 정확한 발성과 발음은 필수다. 과거 아나운서였던 김성주는 진행을 할 때 전달력이 굉장히 좋다. 말의 속도를 빨리해도 전달이 잘된다. 스포츠 중계 경험도 있어서 말을 생생하게 잘 전달한다.

아나테이너에게는 엔터테이너의 요소도 필요하기 때문에 시청자에게 재미도 선사해야 한다. 애드리브도 좋다. 돌발 상황이 생기면 순발력 있게 대처를 잘한다. 강조해서 말해야 할 부분을 잘 살리며, 말을 흘리지 않고 귀에 잘 들어오도록 말한다. 민망한 상황에서도 애드리브로 잘 넘어간다. 즐기며 스피치를 하기 때문이다. 긴장되고 부담되는 마음으로 진행한다면 절대 애드리브가 나올 수 없다. 꾸며진 스피치가 아니라 일상에서 대화하듯 스피치를 한다.

김성주는 개그맨이 아님에도 유행어가 있다. 가수를 뽑는 〈슈퍼스타K〉라는 오디션 프로그램의 MC를 맡아 진행할 때의 일이다. 우승자 발표를 하기 전 광고를 봐야 하는 상황에, 발표 전 그는 긴장감 조성을 위해 다음과 같은 멘트를 했다. "60초 뒤에 --- 뵙겠습니다." 이렇게 포즈pause를 잘 활용해 진행을 하니 오디션 프로그램의 긴장감이 배로 증가했다.

그는 각종 선발 대회, 오디션 최종 우승자를 발표할 때 긴장감을 조성하기 위해 뜸을 들이다 발표를 한다. 긴장감을 조성시킨다. 그래서인지 각종 선발 대회나 시상식, 오디션 프로그램에서 그를 많이 찾는다.

김성주는 호흡을 잘 활용한다. 호흡을 잘 써서 스피치를 하면 리듬감도 생긴다. 그는 스포츠 중계도 많이 했다. 스포츠 중계는 박진감 넘치는 스피치와 호흡이 중요하다. 그는 호흡을 잘 활용하는 스피커이다.

비언어적인 요소를 잘 활용하는 또 다른 인물로는 SBS 시사 프로그램 〈그것이 알고 싶다〉의 진행자, 배우 김상중을 꼽을 수 있다. 김상중도 호흡을 굉장히 잘 사용한다. "그래서 우리는----- 사건 현장에----- 직접---- 찾아가---- 봤습니다." 이렇게 호흡을 쓰며 진행한다. 호흡을 활용할 때는 화나는 감정의 호흡인지 슬픈 감정의 호흡인지 기쁜 감정의 호흡인지를 느끼면서 해야 한다.

말투는 세련된 말투가 좋다. 공식적인 자리에서 당신을 더 빛나게 해 줄 것이다. 세련된 말투란 급하지 않고 여유 있는 말투이다. 목소리 톤도 너무 높은 톤보다 중저음의 목소리가 신뢰감을 준다. 다만 분위기가 활기차거나 개방적인 장소에서는 살짝 높은 톤도 좋다.

어휘 선택도 중요하다. 비속어나 은어를 쓰면 이미지가 가볍고 차가워 보인다.

이미지 메이킹

태도와 자세, 눈빛 등도 비언어적인 요소에 포함된다. 사람을 볼 때 겸손해 보이는 이미지를 주는 태도가 좋다. 거만한 태도는 좋지 않다. 자세는 허리를 꼿꼿하게 펴고 위축되지 않고 당당한 자세가 좋으며, 온화한 눈빛도 중요하다. 사람을 노려보거나 눈에서 레이저가 나오듯이 쏘아보면 절대 안 된다.

의상, 헤어, 메이크업도 중요하다. 나는 개인적으로 여성들이 화장을 할 때 가장 신경 써야 하는 부분은 아이라이너와 볼 터치라고 말하고 싶다. 눈매가 또렷해야 신뢰감을 줄 수 있다. 또한 상대는 눈을 응시하며 말하기 때문에 아이 콘택트를 잘할 수 있으며, 당당한 인상을 보여 줄 수 있다.

볼 터치는 혈색 있어 보이고 부드러운 인상을 주어 호감도를 올린다. 사람의 얼굴 면적 중 가장 많은 부분을 차지하는 곳이 바로 볼이다. 생기 있는 볼이란 혈색이 좋다는 것을 말한다. 볼 터치를 하면 더 생기있고 활력 있어 보인다. 여성들은 메이크업을 할 때 최소한 이 두 가지는 하면 좋겠다.

한 중년의 라이온스 클럽 회장님께서 이미지 메이킹 수업을 받은 적이 있다. 체격이 큰 그녀는 사람들이 자신을 너무 강하게 보는 게 고민이라고 했다. 나는 우선 다음 교육 시간에는 볼 터치를 하고 오시라고 말했다. 그녀는 좋아하는 색깔을 골라 볼 터치를 하고 왔다. 이미지가 한결 여성스럽고 부드러워 보였다. 볼 터치 하나만으로도 부드러운 이미지를 보여 줄 수 있다.

남성들에게는 눈썹과 코털 정리를 권하고 싶다. 남성들은 눈 쪽 부분, 그중에서도 눈썹이 가장 중요하다. 눈썹 정리를 꼭 해라. 지저분해 보이면 이미지가 좋아 보이지 않는다. 물론 코털도 신경 써야 한다. 눈썹과 코털을 잘 정리해라. 사람들은 첫인상을 보고 판가름을 많이 한다.

첫인상을 좋게 만들기 위해서는 이미지 메이킹을 해야 한다. 이미지 메이킹으로 자신만의 색깔을 보여 줄 수 있고 직업을 암시할 수도 있다. 혹은 자신만의 이미지를 만들어 구축할 수 있다.

애플의 전 CEO 스티브 잡스의 이름을 들으면 우리는 검은색 터틀넥 니트와 청바지, 운동화를 포함해 냉철하고 직접적인 그의 스피치를 떠올린다. 애플의 이미지이기도 하다. 그의 철학은 미니멀이었다.

단순함이라는 철학이 그의 옷에서도 느껴진다. 그는 100벌 이상의 동일한 터틀넥을 갖고 있었다고 한다. 엔디비아의 CEO 젠슨 황은 대부분의 공식석상에 검정 가죽 재킷을 착용하고 참석한다. 블랙 가죽 재킷을 입은 그의 이미지는 자신감과 리더십을 보여 주며, 현재는 그의 시그니처 스타일로 자리 잡았다.

또 다른 인물이 있다. 디자이너 앙드레김이다. 그는 흰옷만을 입었고 집에도 흰옷밖에 없었다고 한다. 이 또한 단순한 패션 선택이 아닌 이미지 구축이다. 그에게 흰옷은 순수하며 평화의 상징이었다. 앙드레김 하면 여전히 사람들은 흰색 옷을 입었던 디자이너를 떠올린다.

이미지 메이킹을 하기에 앞서 자신을 분석하고 잘 아는 게 중요하다. 내가 귀여운 이미지인지, 지적인 이미지인지 주위에서 사람들이 당신에게 많이 했던 말들을 생각해 보는 것도 좋다. 나의 장점과 단점이 무엇인지도 생각해 본다.

자신의 피부 톤도 확인해 보자. 퍼스널 컬러라고 들어 본 적 있는가? 퍼스널 컬러란 피부 톤이나 머리카락, 눈동자 색깔 등을 토대로 자신에게 어울리는 컬러 톤을 찾는 것이다. 보통 웜톤과 쿨톤으로 나뉘는데, 웜톤은 따뜻한 느낌이, 쿨톤은 차가운 느낌이 잘 어울린다.

자신의 퍼스널 컬러를 쉽게 확인할 수 있는 방법 중 하나는 한여름에 땡볕 아래에 나가 보는 것이다. 얼굴이 벌겋게 달아오르면 쿨톤, 거무스름하게 타면 웜톤이라 생각하면 된다. 자신의 피부 톤을 알면 화장을 하거나 의상을 선택할 때도 수월하다.

정맥 색을 확인해 보는 방법도 있다. 정맥의 색깔이 푸르면 쿨톤,

초록색이면 웜톤이다. 액세서리로 구분하는 방법도 있다. 은색이 더 어울리면 쿨톤, 금색이 더 어울리면 웜톤이라고 한다. 나는 쿨톤이다.

사실 자신의 퍼스널 컬러는 자세하게 진단을 받아야 정확하게 알 수 있지만, 간단하게 확인하는 방법도 있으니 한번 체크해 보길 바란다.

자신의 체형도 체크해 보자. 상체 발달형인지 하체 발달형인지 마른 체형인지 체격이 있는 체형인지 확인해 본 후 어울리는 옷을 입는 게 중요하다. 옷을 어떻게 입느냐에 따라 몸무게가 5kg 정도 차이가 나 보인다.

물론 외적인 이미지 메이킹뿐만 아니라 그에 맞는 커뮤니케이션 스킬도 중요하다. 의상과 분위기에 맞는 스피치를 해야 한다.

연기자가 꿈인 민영은 연기 스피치와 이미지 메이킹 교육을 함께 받았다. 연기 스피치는 연기와 스피치 두 마리 토끼를 잡는 수업이다.

나는 대학교에서 연기를 전공했다. 연기는 두 종류로, 카메라를 보면서 하는 카메라 연기와 카메라를 보지 않고 하는 일반 연기가 있다. 카메라를 보면서 하는 카메라 연기는 카메라를 시청자라 생각하고 연기하는 것이다. 기상 캐스터, 아나운서, 리포터, MC, 쇼호스트가 이에 해당한다. 카메라를 보지 않고 하는 연기는 일반 드라마나 영화의 연기라 생각하면 된다.

민영은 학원에서 카메라 연기와 일반 연기를 모두 배웠다. 그리고 일반 연기를 할 때는 해당 배역의 캐릭터를 분석하고 이미지 메이킹도 생각하며 연기를 했다.

그녀의 열정은 대단했다. 연기를 할 때 역할에 맞는 화장을 하고 의상을 입고 학원에 등장했다. 작품이 바뀔 때마다 의상과 화장을 역할에 맞게 하고 왔다.

연기는 몰입이다. 실제 그 인물에 빠져서 그 사람이 된 것처럼 생각하면 몰입이 잘되고 연기를 잘할 수 있다.

민영은 매 순간 최선을 다했다. 오디션을 보러 갈 때에도 작품 배역에 맞게 분장을 하고 갔다. 이런 부분도 노력이다. 지금은 작은 조연 역할을 맡으며 연기자로 데뷔해 열심히 촬영을 하고 있다.

배우 이민호는 KBS 드라마 〈꽃보다 남자〉 주연 오디션을 보러 갈 때, 배역을 따내기 위해 원작 만화에 등장하는 주인공의 의상과 머리를 똑같이 하고 오디션장에 가서 감독이 깜짝 놀랐다고 한다. 그 후 이민호는 실제로 남자 주인공으로 캐스팅되었다. 외적인 모습이 어울렸을 뿐 아니라, 연기도 잘했기 때문에 캐스팅이 되었겠지만, 이처럼 스피치에서는 비언어적인 요소가 중요하다.

비언어적인 요소를 활용해 스피치 하는 방법

1. 손을 쓰면서 스피치를 하자.

2. 세련되게 말하자.

3. 이미지 메이킹을 하자.

3. 직진으로 말하면 설득을 잘할 수 있다

꾸미지 않는 직진 스피치

직진 스피커로 유명한 사람은 미국의 트럼프 대통령이다. 직진 스피치란 단도직입적으로 말하는 것이다. 상대방에게 무언가를 부탁할 때도, 쓴소리를 할 때도 직진으로 말하는 것이다. 미국의 제45대 대통령으로 첫 취임하였고 이후 2025년 제47대 대통령으로 다시 취임한 트럼프 대통령은 부드러운 스피치 스타일을 구사하지는 않는다.

직진 스피치의 강점은 남들이 주저하여 잘 못하는 소리를 대신하는 강렬하고 통쾌한 발언이라고 할 수 있다. 사람들이 봤을 때 꼭 저렇게까지 해야 하나 할 정도로 강렬한 언어를 사용하고, 하고 싶은 말을 거르지 않는다.

트럼프 대통령은 저래도 되나 싶을 정도로 굉장히 직접적으로 말한다. 같은 말을 자주 반복하고 경쟁자들을 많이 비판한다. 그의 이미지다. 그는 대통령 재선에 성공하며, 그의 이미지가 대중들에게 통했음을 보여 주었다.

그의 스피치는 간결하고 직설적이다. 직진을 넘어 매우 직설적이다. 핵심 메시지를 반복하여 설득력을 강화한다. 즉흥적이기도 하다. 직진 스피치는 즉흥적인 스피치라고도 할 수 있다. 한 번 더 생각하고 내용 정리를 하는 게 아니라 생각나는 그대로 말하기 때문이다.

2020년 공화당 전당대회 연설문 중 트럼프의 바이든 비판

조 바이든은 그의 전체 정치 인생에서 잘못된 우선순위를 쫓으며 잘못된 정책을 추구해 왔습니다. 그는 워싱턴에 47년을 있었고, 그는 실패했습니다. 그는 그의 약속을 이행하지 못했습니다. 그는 그가 약속한 일자리를 창출하지 못했습니다. 그리고 그는 미국 노동자들을 보호하는 데 실패했습니다. 만약 조 바이든이 대통령에 당선되면, 급진 좌파들이 이 나라를 지배하게 될 것입니다. 급진 좌파의 정책은 우리가 아는 미국을 파괴할 것입니다. 그들은 여러분의 건강보험을 빼앗고, 일자리를 빼앗고, 자유를 빼앗을 것입니다. 바이든의 정책은 과거의 정책입니다. 그는 기득권 정치인, 경력 정치인이자, 수십 년 동안 미국 국민을 실망시킨 실패한 정치 세력의 후보입니다.

트럼프는 이 연설에서 바이든을 실패한 정치인이자 기득권 정치인으로 묘사하고, 그가 미국을 퇴보시킬 것임을 매우 직설적으로 주장했다.

직진 스피치는 눈치를 보지 않아야 한다. 한국 사람들은 눈치를 많이 본다. 나는 교육생들에게 스피치를 잘하고 싶다면 다른 사람의 눈치를 너무 보지 말라고 말한다. 말하고 싶은데도 자꾸 참다 보면 화병이 날 수도 있다. 표출하고 싶은데 드러내지 못하고 참고 참고 또 참기 때문이다.

화병이 생기는 이유는 오랜 시간 자신의 감정을 억누르기 때문이다. 계속 참으면 억울하고 분한 감정이 생긴다. 그 감정은 언젠가는 폭발한다. 답답하고 얼굴에 열이 나며 불안한 증상이 나타날 수도 있다. 심장도 두근거리고 숨 막히는 느낌이 든다.

화병은 심리적인 부분에서 오는 게 크다. 그래서 감정은 너무 숨기지 않고 적당히 표현하는 게 좋다. **감정 표현을 잘 안 하는 사람들이 표현을 한다는 건 참으로 어렵다. 감정을 직접 표현하기 힘들다면 감정 노트를 만들어 글로 써 보는 게 좋다. 화나거나 속상했던 순간을 기록하고 그때 내가 왜 화가 났는지 살펴보는 것이다.**

그리고 화나는 감정을 글로 모두 다 표현해 본다. 당사자에게 화나는 감정을 표현하기 힘들면 감정의 교류가 있는 친구나 지인에게 자신의 상황을 이야기해 보자.

서운한 감정을 잘 표현하지 못하는 사람들은 거절도 잘 못한다. 누군가 부탁을 하면 거절하기를 굉장히 힘들어하는데 거절하는 연습도 필요하다. 감정 표현을 너무 안 하면 스트레스를 받는다.

스트레스 완화를 위해서는 명상이나 요가를 하면 좋다. 걷기도 좋다. 걸으면서 생각을 정리해 보는 것이다. 글쓰기나 그림 그리기를 통해 억눌렸던 감정을 그 안에 녹여 보는 것이다.

어느 정신과 선생님께서 한 이야기가 떠오른다. 환자 중에 강박증 환자가 있었다고 한다. 환자가 병원에 올 때마다 정신과 약을 처방했는데, 의사 선생님께서는 환자에게 늘 미안했다고 한다. 근본적인 원인을 해결해 줘야 하는데 약만 계속 주는 의사라는 것에 자책감이 든 것이다.

그래서 정신과 의사 선생님은 어느 날 강박증 환자에게 붓글씨를 써 보기를 권했다. 강박증이 생길 때마다 붓글씨를 쓰라고 시켰다. 낮이고 밤이고 새벽이고 그냥 붓글씨를 쓰라고 하자, 환자는 선생님께서 시키는 대로 했다. 그리고 무형 문화재가 되었다.

사람은 상황을 어떻게 받아들이느냐에 따라 달라진다.

물론 사회생활을 하다 보면 의견과 감정을 늘 표출할 수는 없다. 하지만 너무 숨겨서도 안된다.

감정을 억눌러서는 안 된다

10년 차 주부 경선. 그녀는 자존심이 세고 힘든 내색을 하지 않고 늘 참는 성격이다. 말한다고 힘든 상황이 해결되는 것도 아니고 가족에게조차 힘들다고 말하는 것이 창피하고 자존심이 상한다고 했다.

그녀는 현재의 남편을 만나기 전 다른 남자와 연애도 했지만, 늘 가슴이 헛헛했다. 남자 친구에게 서운하거나 기분 나쁜 일이 있어도 절대로 말을 하지 않았다고 한다. 남자 친구에게 말하는 순간부터 자존심이 상하고 왠지 지는 기분이 들었다고 한다.

그녀는 연애를 할 때마다 단 한 번도 싸움을 하지 않았다. 3달을 만난 남자 친구든 3년을 만난 남자 친구든 그녀는 남자 친구와 단 한 번도 싸우지 않았다. 화가 나도 참고 또 참았다. 참다 너무나 힘이 들면 스스로 지쳐서 남자에게 이별을 고했다. 갑자기 헤어지자는 통보를 받은 남자들은 영문도 모른 채 헤어져야 했다.

늘 반복되는 패턴이었다. 그런 그녀가 결혼 후에는 변했을까? 지금 그녀는 화병에 걸렸다. 남편이 연락 없이 많이 늦으면 투정 어린 말투로 왜 늦었는지 물어볼 수도 있는데 늘 참고 묻지 않았다. 물어보고 싶어도 혼자 방으로 들어가서 끙끙 앓는다. 궁금해도 절대 묻지 않는다. 매번 모든 것을 다 말할 수는 없지만 묻고 싶은 게 있는데도 계속 꽁꽁 싸매고 힘들어하면 언젠간 시한폭탄처럼 터져 버린다.

그녀는 가족과 친구를 포함해 누구에게도 힘들다고 이야기를 한 적이 없다. 그러던 그녀가 드디어 내게 고민을 이야기했다. 나는 정말 기뻤다. 그녀 안에서 변화가 시작되고 있었던 것이다.

나는 그녀에게 모든 사람은 감정이 있으며, 자신의 감정을 살펴보고 상대에게 적당한 표현을 하는 게 좋다고 말했다. 내가 편해지면 스피치도 편하게 할 수 있고 눈빛도 자연스러워지고 몸도 유연해지고 표정도 밝아진다. 경직되지 않고 부드럽게 스피치를 할 수 있다. 이런 변화가 생기면 사람들이 다가간다. 이런 고민이 있다면 걱정 말아라. 얼마든지 노력으로 변할 수 있다.

사람들에게 일부러 치부를 드러내라는 것이 아니다. 진실된 모습을 상대에게 보여 주어야 한다. 살짝만 바꿔어도 인생이 즐거워질 수 있다. 이 글을 읽고 있는 독자들 중에

'나는 원래 표현을 못해.'

'나는 원래 말을 잘 못해.'

'나는 원래 소극적이야.'

라고 생각하는 사람들이 있다면 이제 그런 말은 그만하자.

스피치에 원래라는 것은 없다. 원래는 본인이 만든 것이다. 원래라는 시점이 언제부터인가? 태어나자마자부터가 원래인가? 초등학교 때부터가 원래인가? 20살 때부터가 원래인가? 자기가 정한 기준이다. 그런 것은 없다.

내 감정을 잘 표현하지 않으면 부정적인 결과를 초래하는 경우가 많이 생긴다. 내면이 불안해진다.

나의 감정은 나의 것이다. 분노하거나 슬프거나 화가 날 때 늘 속으로 삭이고 표현을 하지 않으면 긴장과 스트레스를 유발한다. 감정은 누를수록 더 커져서 자신을 너무 힘들게 한다. 어느 순간 참는 것에 길들여져서 내 감정이 무뎌지는 바람에 정작 내가 나를 모를 때가 생길 수 있다.

자존감도 낮아진다. 감정을 억누를수록 불안한 감정이 커지고 불편해진다. 우울증에 걸릴 확률도 높다. 감정을 억제하는 것은 곧 본연

의 욕구를 누르는 것이기 때문이다. 문제는 결국 해결되지 않고 곪아 터진다.

특히 대인관계에서 많이 힘들어진다. 앞에 소개했던 경선이 그런 경우이다. 경선도 자신의 감정을 타인에게 솔직하게 표현을 하지 못했기 때문에 친한 사람이 없었다. 내가 힘든 걸 말해야 남도 힘든 걸 말하고 속내를 터놓고 친해질 수 있다. 감정 표현이 없는 사람과 대화를 하면 로봇과 대화하는 느낌이 든다. 불편하고 교감이 되지 않는다. 감정 표현이 없으면 상대방은 당신의 마음을 잘 알지 못한다. 사람들과의 심리적 거리감이 커진다.

연인 사이에서도 친구 사이에서도 가족 사이에서도 불편하고 힘든 건 싫다고 말해야 심리적 거리감이 줄어든다. **말로 표현하지 않으면 사람들은 잘 모른다. 불만이 있는데 말로 표현하지 않으면 말이 아닌 행동으로 드러나는 게 사람이다. 서운한 걸 말하면 상대가 알아차리고 개선하려는 노력을 보인다.**

감정을 억누르는 사람은 스트레스를 많이 받는다. 신체적으로 악영향을 받을 수 있다. 고혈압, 심장 질환, 면역력 저하 등을 초래할 수 있다. 사람들이 진심을 알 수 없기 때문에 공감이 어려워지고, 관계가 기계적으로 느껴질 수 있다.

세상은 사람과 함께 살아가는 곳이다. 공감이 어려워지고 관계가 기계적으로 느껴지면 점점 사람들은 그 사람을 피할 것이다. 감정을 숨기지 않고 드러내려면 훈련이 필요하다.

내 감정을 억누르지 말고 알아차리고 드러내 보자.

가령, 남자 친구가 나의 심기를 건드려 기분 나쁘게 했을 때 기분 나쁘다는 표현을 하고 싶지만 남자 친구의 눈치를 보느라 혹은 어떻게 말을 해야 할지 잘 모른다면 내 감정을 먼저 알아차리는 것이다. 내가 오늘 왜 남자 친구한테 화가 났는지, 어떤 말 때문에 상처를 받았는지, 지금 느끼는 감정이 무엇인지 알아차려 보자. 다음으로 거울을 보며 감정을 드러내는 말을 해 보는 것이다.

거울 속 내 모습을 보면서 남자 친구에게 화가 난 것들에 대해 말해 보자.

"네가 나를 무시하는 발언을 해서 내가 기분이 안 좋아."

당사자에게 말을 하지는 않지만 내 입으로 소리를 꺼내 보았다는 것만으로도 속이 시원해질 것이다.

녹음도 해 보자. 처음에는 꺼내기 힘든 말을 할 때 떨리고 위축된 목소리가 들어가겠지만 반복적으로 훈련하다 보면 어느 순간 목소리도 커지고 떨지 않게 말하는 소리를 들을 수 있을 것이다.

그리고 당신을 서운하게 하는 사람들을 만나면 자신의 감정과 주장을 잘 표현할 수 있게 된다. 감정을 표현하지 않으면 마음이 병든다. 적당한 표현을 해라. 때론 강하게 때론 부드럽게 스피치를 구사해 보자. 직장에서는 상대를 비난하기보다 사실과 느낌 위주로 말하면 상대도 기분 나쁘지 않게 잘 받아들일 수 있다.

직접적인 표현이 힘들다면 이메일이나 문서로 전하는 것도 하나의 방법이 될 수 있다. 가족이나 연인 등 가까운 사람에게 감정 표현을 하기가 힘들다면 상대를 탓하기보다 '며칠간 연락이 없어서 내가 많이 걱정하고 속상했어.'와 같이 자기의 감정의 깊이를 말해 주면 좋다. 내 의견을 주도적으로 말할 수 있는 소신 있는 스피치를 해 보자.

직진 스피치를 구사하는 대표적인 MC로는 개그맨 김구라가 있다. 그의 거침없는 입담과 직선적인 스피치는 남들이 잘 못하는 말도 서슴없이 하는 강렬하고 통쾌한 발언이라고도 할 수 있다. 사람들이 말하고 싶어도 눈치가 보여 말을 잘 못할 때 속이 뻥 뚫릴 정도로 시원한 발언을 한다.

직접적인 스피치로 논리적으로 말하니, 다른 MC들과는 차별화된 스피치를 한다고 할 수 있다.

직접적으로 말만 한다고 말을 잘하는 게 아니다. 논리성이 있어야 한다. 김구라는 냉철한 분석력을 토대로, 비판적인 시선의 스피치를 한다.

일전에 김구라가 연말 연예대상 후보로 올라간 적이 있었다. 그는 다음과 같이 말했다.

"대상 후보 8명 뽑아 놓고 아무런 콘텐츠 없이 개인기로 1~2시간 때우는 거 더 이상 이렇게 하면 안 된다. 통합해서 지상파 3사 본부장들 만나서 돌아가면서 해야 한다. 광고 때문에 이러는 거 안다. 하지만 이제 바뀔 때가 됐다."

네티즌은 제대로 비꼰다, 이런 말을 해 줄 사람은 김구라밖에 없다, 비판하는 건 김구라가 최고다, 라며 그의 발언을 지지했다.

대상은 수상하지 못했지만 당시 그의 발언으로 인해 김구라는 실

시간 검색어 1위가 될 만큼 파장이 일었다. 김구라의 스피치는 두서 없지 않다. 직접적이지만 맥락이 있다. 사람들이 반박을 못하게 구체성을 띄고 스피치를 한다. 그렇기 때문에 호불호가 강하다. 타인에게도 직접적인 스피치를 전달하지만 자기에게도 셀프 디스를 하며 직접적으로 스피치를 날린다. "본인은 예전에 이상한 행동을 많이 해서 요즘 조용히 산다."는 발언도 했다.

김구라는 꾸미지 않는다. 자신의 모습을 그대로 드러내며 스피치를 한다. 과하다 싶을 정도로 직접적으로 말한다. 할 말은 하는 스피커다.

직진 스피치는 돌려 말하지 않는다. 기분 나쁜 표현이라면 상대를 고려해 돌려서 우회적으로 좋게 말할 수도 있겠지만 직진 스피치는 그렇지 않다. 감정에 호소하기보다 사실에 기반하여 말한다. 길게 말하지 않으며 결론만 말한다.

가령 이런 식이다. 시험을 앞둔 자녀가 공부를 안 할 때, 아이의 입장을 생각한다면 "공부가 많이 힘드니? 그래도 공부를 해야 성적도 오르고 수능도 잘 보지 않을까?" 이렇게 말할 수 있다. 하지만 직진 스피치는 "공부해."와 같이 결론만 직접적으로 말한다.

때문에 직진 스피치는 요점만 간결하게 말하길 좋아하는 사람들은 부담 없이 좋아할 수도 있지만 보통의 일반적인 사람들은 앞뒤 없이 결론만 말하니 기분이 상할 수도 있다.

직진 스피치는 장단점이 분명하게 구분된다. 직접적으로 전달하기 때문에 바로 전달이 잘되며, 부연 설명 없이 사실 중심으로 말하기 때문에 가식과 아부가 없다. 반면 공격적으로 보일 수 있다.

그렇기에 직진 스피치를 활용하려는 사람들은 미소와 함께하면 상대방이 불쾌감을 덜 느낄 것이다.

직진 스피치는 자기 확신이 강한 사람들, 예를 들어 '~일 것 같다.'가 아닌 '~이다.'라고 말하는 사람들이 잘한다.

직진 스피치 하는 방법

1. 눈치 보지 않고 말한다.

2. 감정 표현을 하려고 노력해 보고 감정 노트에도 감정을 적어 본다.

3. 서운한 게 있다면 참지 말고 말해 본다.

4. 똑똑하게 말하고 싶다면 논리적으로 말해라

신뢰감을 주는 논리적 말하기

논리적으로 말하기의 장점은 효과적인 의사소통을 할 수 있다는 것이다. 단순한 감정에만 호소하는 것이 아니라 논리적으로 말하면 설득을 더 잘할 수 있다.

의사들이 텔레비전 의학 프로그램에서 오메가3를 섭취할 것을 권유할 때, 그들은 단순히 "오메가3 드셔야 합니다."라고만 말하지 않는다. 그들은 전문 지식을 근거로 제시하며 논리적으로 말한다.

"오메가3를 드셔야 하는 이유는 총 두 가지입니다. 첫째로 오메가3는 심혈관 건강에 도움을 줄 수 있습니다. 중성 지방을 낮추고 LDL을 낮추는 효과가 있습니다. 간에서 중성 지방 합성을 억제하며 VLDL(초저밀도 저단백) 합성을 감소시키 때문에 혈중 중성 지방이 낮아집니다. 둘째로는 눈 건강에 좋습니다. 노화로 인한 시력 예방에도 도움을 줍니다. 눈의 망막, 특히 황반에는 DHA가 풍부합니다. DHA는 포토리셉터 세포막의 유동성을 유지해 빛을 잘 감지하고, 시각 신호 전달을 원활하게 합니다. DHA 부족 시 망막 기능이 저하되는데 오메가 3를 드시면 도움이 됩니다."

논리적으로 차근차근 말하면 이해하기가 쉽고 믿음이 간다. 논리적으로 말하면 두서없이 말할 때보다 전문적인 느낌이 든다.

중학교 때 나는 두 명의 선생님께 수학 과외 수업을 받은 적이 있다. 한 명의 선생님은 정말 열정을 다해 지도를 해 주셨지만, 열정은 보이는데 무슨 말인지 이해를 할 수 없게 설명해 주셨다. 수학 공식을 설명할 때도 근거 있게 설명하지 않고 원래 이런 공식이니 외워서 그냥 문제를 풀라는 식으로 말했다. 말도 너무 빠르고 급했다. 선생님께 천천히 설명해 달라고 말했지만 처음에는 천천히 말을 하는 듯하더니 점점 말이 빨라졌다. 다른 수학 선생님은 논리적으로 아주 천천히 이해하기 쉽게 지도를 해 주셨다.

나는 중학교 시절 수학을 싫어했다. 못해서 싫었는지 싫어서 못했는지 모르지만 덕분에 수학 점수는 좋지 않았다. 하지만 논리적으로 수학 설명을 잘해 주시는 선생님을 만난 후로 시험을 잘 보았던 것으로 기억이 난다.

논리적으로 말하면 믿음이 가는 사람, 믿을 만한 사람으로 보인다. 논리적으로 말하면 감정조절을 할 수 있다. 흥분할 수 있는 상황에서도 절제가 되고 이성적으로 말할 수 있다.

남녀 사이에 이런 논리적인 말하기가 필요하다. 연애를 하다 보면 다툼이 생기는 경우가 있는데, 가까운 사이이다 보니 다투다 보면 감정적으로 갈 수밖에 없다. 다투었을 때 카톡이나 문자도 논리적으로 하도록 하자. 다투었을 때 가장 좋은 건 만나서 이야기하는 것이다. 그리고 전화 다음으로 문자나 카톡 순이다.

만나서 말을 하면 표정과 분위기에서 상대방의 마음을 잘 알 수 있지만 만나지 않으면 알 수 없다. 남녀는 전화 통화로 이야기를 하다가 싸움이 번지고 홧김에 "헤어져!"라는 말을 많이 한다고 한다.

보지 않는 상황에서 목소리로만 이야기를 하면 상대방의 정확한 마음을 알 수 없다. 비언어적인 요소가 드러나지 않기 때문이다. 문자나 카톡도 그렇다. 다툼이 있을 때 감정적으로 말을 하는 게 아니라 논리적으로 글을 남기면 상대가 이해하기 쉽다.

그런데 자신이 필요한 말만 하고 타인의 감정을 고려하지 않는 경우도 많다. 또한 너무 논리적으로만 말하면 인간미가 없어 보인다.

논리적인 말하기는 논리성을 바탕으로 상대방을 잘 설득할 수 있고 차분하게 말하며 근거를 제시하기 때문에 상대방이 크게 반응하지 않고 의견에 수긍하기도 쉽다. 회의나 발표, 토론 면접에 효과적인 스피치이다. 상대방과의 갈등도 줄일 수 있다.

이와 달리 논리성을 빼고 감정을 담아서 말하는 스피치는 자신의 심리상태나 감정을 표현함으로써 상대에게 내 마음을 잘 드러낼 수 있다. 기분과 감정 위주로 전달하는 스피치이며 표정을 써 주면 더 좋다.

단점은 상대방이 방어적으로 대할 수 있기 때문에 상황이 더 안 좋아질 수 있다. 좋은 상황에서 공감은 해 줄 수 있지만 논리적인 스피치에 비해 설득력이 떨어진다. 감정적인 사람으로 보여 신뢰감을 덜 줄 수 있는 요지가 있다. 이러한 스피치는 사적인 대화나 고민을 들어 줄 때 좋은 스피치이다.

논리적으로 말하기 위해서는 **본인의 의견을 뒷받침하는 근거를 들어 스피치를 논리적으로 전개해야 한다.** 논리적으로 말하면 같은 이야기도 설득력 있고 소신 있게 말할 수 있다. 책을 많이 읽으면 논리적으로 말을 잘할 수 있다.

또한 자신의 주장을 가감 없이, 주저하지 말고 내용을 잘 정리해 말할 줄 알아야 한다. 전달하고자 하는 내용을 분명히 하자. 그리고 자신의 주장에 확신을 가지고 명확하게 전달하자.

주장을 하고 난 후에는 합당한 이유나 근거를 제시해야 한다. 사람들은 근거나 이유가 있어야 믿음을 갖고 스피치를 경청한다. 논문에 나와 있는 내용이나 통계 등을 근거로 들어 말하면 훨씬 더 설득력이 높아진다. 단순히 주장만 하고 거기에 해당되는 내용을 말하지 않으면 사람들은 설득되지 않는다.

논리적으로 말하고 싶다면 요점-이유-예시-요점으로 말해 보자. 예를 들면 이런 것이다.

요점	카페에서 공부를 하면 공부가 잘됩니다.
이유	백색소음이 편안한 분위기를 조성해 집중이 잘되기 때문입니다.
예시	영어 토익 공부를 하는데 카페에서 공부를 하니까 집에서 공부했을 때보다 집중이 더 잘되어 시험 결과도 좋았습니다.
요점	그래서 저는 카페에서 공부를 하면 공부가 더 잘된다고 생각합니다.

이렇게 이유와 자신의 경험을 들어 말하면 설득력을 높이고 논리적으로 말할 수 있다. 듣는 사람도 이해하기 쉽다. 내용을 잘 따라올 수 있고 설득하기 쉽다. 구체적인 예시를 들어 주기 때문이다. 마지막에 한 번 더 내용을 정리해 주기 때문에 기억에 오래 남고 말하는 사람도 듣는 사람도 정리가 잘된다. 발표나 보고, 교육에서 효과적이다.

요점은 길지 않게 한 문장으로 말을 하고 이유에서는 근거를 들어 주자. 예시 부분에서는 임팩트있는 스토리텔링이 중요하다. 그리고 마지막으로 요점을 한 번 더 간결히 말한다.

논리적으로 말할 때는 감정에 호소하지 말자. 이성적으로 말하는 게 좋다. 감정적으로만 말하면 절대로 논리적으로 말할 수 없다. 감정은 부수적인 것이다. 너무 주관적인 감정이 들어가지 않게 말하라.

상대방과 토론을 할 때는 미리미리 논리적인 스피치를 준비하는 게 좋다.

토론은 찬반 입장의 한쪽 편에 서서 주장을 하는 것이니, 자신이 주장하고자 하는 내용에 뒷받침되는 근거를 잘 마련하고 상대방이 반박할 만한 내용까지 준비를 해야 한다.

토론은 논리성의 싸움이다. 토론은 얼마나 준비를 잘하느냐에 따라 결과가 나온다. 주제를 이해하고 그에 맞는 자료를 수집하고 데이터 정리를 한다. 찬반 토론이기 때문에 찬성했을 때의 이유와 반대했을 때의 이유를 자세히 정리하고 준비한다.

근거를 말하고 반드시 예시, 경험을 말하자. 토론에서 효율적인 스피치 방법 중 하나는 숫자를 활용하는 것이다. 첫째, 둘째, 셋째 등을 붙여 다음 내용을 체계적으로 말하자. 많은 사람이 알 법한 전문가 의견을 인용하는 것도 하나의 방법이다.

대통령 후보자들이 토론하는 것을 보면 알 수 있다. 이들은 많은 준비를 통해 의견을 제시하고 상대방의 의견을 반박한다. 많은 사람이 토론을 보고 난 후 적임자를 판가름한다.

우리는 후보자들을 오랜 기간 만나 직접 이야기해 본적이 없다. 매스컴에서 보여 주는 그들의 모습을 자주 볼 뿐이다. 한 나라의 대통령이 될 사람이 어떤 생각으로 어떻게 나라를 이끌어갈지 국민들은 토론을 보고 난 후 결정한다. 스피치가 이렇게 중요한 것이다.

토론을 할 때 당황해서 말이 빨라지거나 급해지면 지는 것이다. 여유 있게 말해야 한다. 논리적이고 이성적인 사고방식을 고수하며 흥분하지 않고 말해야 한다. 간혹 토론에서 상대를 공격하는 사람들이 있다. 그 사람을 공격하는 것이 아니라 주제에 대한 이야기를 해야 한다. 인신공격은 할 필요가 없으며, 만약 당신이 공격을 받는다면 유연하게 대처해야 한다. 같이 흥분해서 말하면 지는 것이다.

유연한 사고방식으로 목적의식을 놓치지 않고 토론에 집중해야 한다. 경우의 수를 따져 미리 예상을 하고 준비하면 당황하지 않고 스피치를 할 수 있다. 너무 길지 않고 구체적으로 다수의 사람들이 이해하기 쉬울 만한 근거나 이유를 들어야 설득이 쉽다.

내가 추구하는 스피치의 모범답안은 때론 개그맨처럼 재치 있게, 때론 아나운서처럼 또렷하게 말하기이다. 때론 감정을 담아 공감을 주는 스피치로, 때론 이성을 담은 논리적인 스피치로 말하기를 의미한다. 이 두 가지 스피치를 적재적소에 잘 활용하는 스피커가 훌륭한 스피커라 생각한다. 나는 SBS 공채 개그맨 출신의 아나운서로 개그맨의 말하기와 아나운서의 말하기를 너무나 잘 알고 있다. 이 두 가지를 적절히 조화를 이루면서 말하는 게 좋다.

논리적인 사람들은 대화를 할 때 접근법이 다르다. 생각이 이성적이고 체계적이다. 복잡한 문제도 순서대로 체계적으로 접근해, 문제가 생긴 원인부터 생각해 결과를 도출한다. 기분에 따라 행동하지 않는다. 비판적 사고방식을 갖고 있기에 자칫 남들에게 부정적인 사람으로 오해를 살 수도 있다. 말과 행동이 일치하는 편이다. 빈말을 못하고 자신의 행동에 모순이 적다. 굉장히 합리적인 사람들이 많다. 자신의 생각을 객관화하며 복잡한 내용을 쉽게 설명한다.

논리적인 사람들은 프레젠테이션 발표에 굉장히 강한 편이다. 논리적인 사람들이 사용하는 단어와 어휘, 스피치를 보면 그들의 독서량이 많다는 것을 알아챌 수 있다.

독서의 중요성

나의 삶에서는 절대로 '책'을 빼놓을 수 없다. 집에서 쉴 때는 넷플릭스나 유튜브를 보기보다 독서를 하고 차에서 운전할 때 음악을 듣기보다 오디오북을 듣는다. 책을 너무 좋아해서 책과 관련된 강연은 시간이 될 때마다 찾아가 듣는다. 나는 독서광이다.

나는 책과 관련된 프로그램 2개를 진행하고 있다. 바로 신유아의 '북살롱'과 '낭독살롱'이다. 말을 잘하기 위해서는 많은 정보를 접하고 지식을 쌓아야 하는데, 이를 가장 효과적으로 접할 수 있는 매체가 책이다. 때문에 나는 책과 관련된 프로그램을 기획하게 되었다.

북토크에 참석하면 책을 통해 알게 되는 내용 외에도 직접 책을 집필한 작가님들의 인생 이야기를 듣고 책의 깊은 부분을 더 잘 알 수 있다.

신유아의 '낭독살롱'은 책을 낭독하는 시간이다. 스피치 전문가, 보이스 전문가로서 사람들을 지도하면서 나는 항상 낭독의 중요성을 주장했다. 낭독을 하면 일석이조의 효과가 있다. 눈으로 책을 읽으면서 내용을 정리하고 소리를 내 낭독을 함으로써 보이스까지 좋아질 수 있다.

'낭독살롱'에서는 시집을 낭송하기도 하고 각자 좋아하는 책을 가져와 소개하고, 낭독을 하는 시간을 가진다. 소리 내어 책을 읽는 건 정말 좋은 독서법이다. 눈으로 읽고 마음으로 읽고 소리 내어 읽어 봄으로써 온전히 내 것으로 만드는 것이다. 입, 귀, 뇌까지 전달되는 전신全身 독서법이다. 낭독을 하면 뇌의 여러 부위가 활성화되어 두뇌에 좋다. 발음이 좋아지고 표현력 향상에도 도움을 준다.

입을 움직이면서 낭독을 하면 잘 쓰지 않던 입 근육이 움직이면서 발음이 좋아진다. 책을 낭독하면서 리듬감이 생겨 표현력도 좋아진다. 낭독은 읽기와 말하기, 듣기, 생각하기를 모두 함께하는 좋은 독서법이다.

독서의 장점은 너무나 많다. 내가 모르는 세상을 알 수 있고, 논리력과 사고력을 기를 수 있다. 책을 읽으면서 비판적 사고를 할 수 있다. 문장을 읽으며 의미를 생각하고 논리성을 따질 수 있다. 이러한 논리성은 논리적인 스피치를 하는 데 도움이 된다.

독서는 글쓰기와 말하기에 모두 도움을 준다.

독서를 통해 우리는 다른 사람의 인생을 이해하며 공감과 동감을 배울 수 있다. 이 세상에는 소설, 에세이, 자기 계발, 경영, 경제 등 읽어야 할 책들이 정말 많다. 내가 가장 소중하게 생각하는 시간 중 하나는 조용한 카페에 앉아 종일 좋아하는 책을 읽는 시간이다. 조용히 책을 읽으면 온갖 근심이 사라지고 마음이 평온해진다. 집중하게 되어 온전히 나만의 시간을 갖게 된다.

U 스피치 교육생 중에는 스트레스를 받을 때마다 책을 읽는다는

분도 있다. 좋은 습관이다. 업무에서 스트레스를 받으면 업무와 관련된 책을 읽으면서 해답을 찾고, 인간관계가 힘들 때는 관련 서적을 읽으며 해결한다고 한다. 나는 스트레스를 받을 때도 받지 않을 때도 슬플 때도 기쁠 때도 늘 책을 읽는다.

나는 가끔 독서 모임에도 나간다. 독서 모임에 나가면 다양한 사람들을 만나 책에 대한 이야기도 나누고 각자 좋아하는 책 소개를 통해 좋은 책을 소개 받기도 한다. 나는 책을 좋아하고 책을 사랑하는 사람들을 사랑한다.

독서 모임에 나가며 나는 책에 대한 편식이 없어졌다. 나는 자기계발서 위주의 책을 좋아하는 편이었는데 사람들의 책 소개를 통해 다양한 책을 읽어 보면서 책에 대한 편식이 사라졌다. 책을 가까이 하라. 또, 책을 통해 훌륭한 어록, 명언, 좌우명들을 활용하면 멋진 스피치로 주목받을 수 있다. **논리적으로 말하고 싶다면 책과 친해져라.**

논리적으로 말하는 방법

1. 감정으로 호소하지 말자.

2. 의견을 뒷받침하는 근거를 말하자.

3. 요점-이유-예시-요점으로 말하라.

4. 책과 친해져라.

에필로그

과거의 당신은 없다. 바로 지금부터가 당신이다.

당신은 현재 인생을 잘 살고 있다고 생각하는가? 인생을 잘 살고 있다는 것은 뭘까? 사람에 따라 기준이 달라질 수 있지만, 근본적으로는 당신의 삶에 얼마나 만족을 하며 살고 있느냐에 따라 달라진다고 생각한다.

스피치 또한 마찬가지다. 당신은 당신의 스피치에 대해 만족하고 있는가? 만족하지 못한다면 이 한 권의 책을 통해 만족할 만한 스피치 실력을 가지면 좋겠다. 자신의 모습을 완벽하게 좋아하는 사람은 몇 없을 것이다. 우리는 반성도 하고 실패도 하면서 자신의 삶을 채워가고 있다.

과거의 당신을 돌이켜보면 어떤가? 현재가 아닌 어제까지, 아니 방금 전 1초 전까지의 일련의 일들이 모두 과거이다. 지난 과거들이 모여 현재를 이루는 것이다. 우리가 하는 말도 과거의 스피치에 대한 본인의 습관, 환경, 태도 등에 의해 만들어진 것이다.

스피치 학원을 등록하는 사람들은 타인의 강요나 권유에 오는 경우가 드물다. 스스로 스피치 실력을 개선하고 싶어 하거나 자신감이 없어 더 이상 주저하면 안 될 것 같다고 생각하는 사람들이 학원을 찾는다.

영어나 중국어 학원은 해외 출장이 잡히거나 시험을 봐야 하는 상황이 닥치는 등 당장 필요해서 가는 경우가 많다. 하지만 스피치 학원은 누가 당신에게 말을 못한다거나 자신감이 없어 보인다고 말을 잘 하지 않기 때문에 선뜻 가라고 하지 않는다. 그래서 스피치 교육을 받는 사람들은 개선의 효과가 매우 크다. 자신이 부족하다고 느껴서 오는 경우가 많기 때문이다.

말은 곧 그 사람이다. 과거의 당신이 자신감 없는 목소리로 힘없이 얘기하는 사람이었다면 이제부터 당신은 바뀌어야 한다. 과거에 당신의 말이 굉장히 빨라 사람들이 당신의 말에 귀 기울이지 않았다면 지금부터는 당신의 말에 대한 나쁜 습관을 고쳐 새로운 모습을 보여 주자. 멋지게 스피치 실력을 키워 과거의 당신의 모습을 알고 있는 사람들에게 당당하게 보여 주는 것이다.

처음에는 많이 힘들 것이다. 과거의 나로 돌아가야 할 것 같고 익숙하지 않을 것이다. 당연하다. 수 년간 혹은 수십 년간 습관대로 말하고 행동했던 것들이 단번에 바뀔 수 있겠는가? 하지만 단번에 바뀔 수는 없어도 서서히 바뀔 수는 있다.

100kg 몸무게의 사람이 갑자기 운동하고 식이요법을 한다고 해서 하루 아침에 70kg 몸무게로 당장 바뀌지는 않는다. 하지만 꾸준히 운동을 하고 식이요법을 하면 100-90-80-75-70, 이렇게 점진적으로 좋아질 수는 있다.

스피치도 마찬가지다. 수업을 시작하기 전 학생들이 가장 많이 물어보는 질문 중의 하나가 교육을 받으면 좋아지냐는 질문이다. 단연코 'YES'다. 지금까지 나에게 교육을 받았던 교육생들 중 바뀌지 않은 사람은 단 한 명도 없었다. 교육의 습득능력, 연습량에 따라 정도의 차이만 있을 뿐이다.

그래서 나는 교육생들의 교육받기 전과 교육받고 난 후의 모습을 영상으로 촬영하여 모니터를 직접 할 수 있게 한다. 스피치는 얼마든지 변화가 된다. 몰랐던 사실들을 익히고 연습하면 당연히 좋아진다.

그러나 새로운 내용과 방법을 아는 것도 중요하지만 꾸준히 연습하는 것도 중요하다. 얼마나 많이 연습하고 노력하느냐에 따라 빨리 좋아질 수도 있고 천천히 좋아질 수도 있다.

스피치가 두렵거나 말을 할 때 사람들이 쳐다보는 게 부끄러운가? 말에 대한 자신감이 없어서 자신에게 너무나 화가 나는가? 이 책을 통해 꾸준히 훈련하고 노력하면 반드시 좋은 결과를 얻을 수 있을 것이다.

인생은 길다. 달라진 모습으로 새로운 인생을 살아 보자. 이제부터 과거의 당신은 없다. 이 책을 잘 활용하여 스피치 변화로 미래를 찬란하게 만들어 보길 바란다. 이 책을 한 번만 읽고 끝내는 게 아니라 반복해서 읽으며 워크북에서 제시한 내용들을 실제로 적용해 보자. 천천히 실천해 보아라.

내 스피치는 내가 만드는 것이다. 스피치는 당신의 이미지에 큰 영향을 미친다. 스피치를 잘해서 인생이 바뀌는 경우도 많다. 스피치를 잘하면 인정받는 사람이 될 수 있고, 대우도 달라진다. 사람들에게 눈도장을 찍을 수 있다.

이 책을 통해 당신은 스피치의 즐거움을 알게 될 것이다. 당신이 예전의 모습과 다르게 스피치를 하면 주위 사람들은 당신을 다르게 볼 것이다. 본인이 노력을 하면서 발전해 나가면 된다.

스피치는 꾸준함이다. 꾸준히 하다 보면 당신은 분명 발전되어 있을 것이다. 당신이 면접 준비생이라면 합격을 좌우하는 핵심 역량이기 때문에 스피치에 많은 노력을 들여야 한다. 면접에서의 말투와 스피치에서 준비된 지원자라는 느낌을 전달하자. 대부분의 직무는 의사소통 능력을 중요하게 생각하기 때문에 자신의 강점과 경험을 명확하게 말하는 게 중요하다.

이 책을 읽는 당신이 미혼이라면 소개팅, 모임, 직장 등에서 새로운 사람을 만날 기회가 많을 것이다. 자신감 있는 말투와 자연스러운 대화는 첫 만남에서의 호감을 높인다. 연애와 결혼 상대 선택에도 영향을 미친다. 공감하며 소통하는 소통 능력은 관계에서 중요하다. 또 스피치를 잘하면 자존감과 자신감이 올라가고 새로운 관계에 대한 불안감도 줄일 수 있다.

자녀가 있는 사람이 분명한 발성과 발음으로 스피치를 하면 자녀가 당신의 모습을 보고 닮는다. 어린이들은 부모님들의 영향을 굉장히 많이 받는다. 부모님의 말투와 발음을 닮아간다. 함께하는 시간이 많기 때문에 부모님의 모습을 닮고 말투도 닮아가는 것이다. 당신의 스피치가 변화하면 자녀는 멋진 스피치를 구사하는 아이가 될 가능성이 크다.

아이들은 당신에게 배운다. 아이에게 줄 수 있는 최고의 선물이 무엇이라 생각하는가? 아이에게 줄 수 있는 최고의 선물은 당신의 시간이다. 당신의 시간을 아이와 자주 함께하길 바란다. 듣기 좋은 발성과 발음으로 아이와 대화를 해 보아라. 듣기 좋고 부드러운 스피치로 대화를 하는 것이 아이에게도 잘 전달된다.

업무상 전화를 많이 해야 하는 직업이거나 전화하기를 좋아해서 전화로 스피치를 하는 이들도 많다. 얼굴이 보이지 않는 상황에서는 더욱더 신뢰감 가는 목소리가 중요하다. 힘들다 생각하지 말고 이 책에 나와 있는 내용들을 모두 당신 것으로 만들기 바란다. 전화를 할 때 목소리만 전달되는 것이 아니다. 당신의 음성에서 당신의 표정이 드러나야만 한다. 그것은 상대에게 고스란히 전달된다.

과거의 당신이 스피치 하는 게 창피하고 숨고 싶었다면 지금부터는 스피치는 재미있고 내가 말하는 걸 누군가 더 들어 줬으면 좋겠다는 생각으로 변화해야 한다. 당신이라는 존재는 이 세상에 있어 단 한 명뿐인 정말 소중한 존재이다. 과거의 낡은 습관에서 얼른 나오길 바란다.

몰입의 즐거움, 경청의 즐거움, 스피치의 즐거움을 이제 제대로 느껴 보길 바란다. 스피치를 할 때 남에게 보이기 위해 만들어서 스피치를 했다면 이제는 즐겁게 스피치를 해야 한다.

과거의 당신이 타인과 다툴 때 큰 소리를 치며 본인의 성에 못 이겼다면 이제부터는 경청하면서 스피치를 해야 한다. 타인과 이야기를 할 때 주눅이 들어 고개도 못 들었다면 이제는 자신감 있게 스피치를 해야 한다.

외쳐 보아라. "과거의 나는 없다. 지금부터가 바로 시작이다. 과거의 나는 안녕이다."라고.

SPEECH WORKBOOK

> 흔들리던 날들의 스피치,

> 나를 다시 세운 목소리의 기록

(제1장) 세상의 모든 스피치는 내가 만든다

1
진정성 있는 스피치가 최고의 스피치다

<진정성 있게 말하기>

1. 자신의 보이스 톤을 찾자.

2. 반복적으로 스피치를 해 보자.

3. 이금희와 오프라 윈프리의 스피치를 모니터해 보자.

말해 봅시다!

다음 질문에 진정성 있게 말해 봅시다.

Q: 당신은 어떤 사람인가요?

(제1장) 세상의 모든 스피치는 내가 만든다

②

스토리텔링이 있는 스피치는 지루하지 않다

<스토리텔링 잘하는 방법>

1. 스피치 면역력을 키우자.

2. 다양한 경험을 하자.

3. 독서를 통해 많은 정보를 습득하자.

말해 봅시다!

다음 질문에 스토리텔링을 넣어 말해 봅시다.

Q: 당신은 무엇을 할 때 가장 행복한가요?

《제1장》 세상의 모든 스피치는 내가 만든다

3

대상에 따라 다르게 말하는 센스가 있어야 한다

<대상에 따라 센스 있게 말하는 방법>

1. 나보다 나이가 많은 사람에게 스피치를 할 때:
인정받으려고 안간힘 쓰지 말고 편하게 스피치 하자.

2. 나보다 나이가 어린 사람에게 스피치를 할 때:
공감 스피치로 얼굴 표정을 밝게 하며 스피치를 하자.

3. 나와 나이가 비슷한 사람에게 스피치를 할 때:
동질감을 형성하며 편안하고 자연스럽게 스피치를 하자.

4. 이성과 스피치를 할 때:
피하지 말고 그 자리를 즐기며 스피치를 한다.

말해 봅시다!

대상을 달리하여 말해 봅시다.

Q: 가장 당신의 기억에 남는 여행지는?

상사나 윗사람에게 말할 때

후배에게 말할 때

친구에게 말할 때

이성에게 말할 때

〈제1장〉 세상의 모든 스피치는 내가 만든다

④

목소리가 좋으면 스피치는 덤이다

<목소리 톤을 파악하는 방법>

1. 목소리를 녹음해서 들어 보고 객관적으로 평가한다.

2. 닮고 싶은 목소리를 찾아 반복적으로 들어 본다.

3. 이상향의 목소리 멘토를 정해 모니터해 본다.

말해 봅시다!

Q: 목소리를 녹음해 평가해 봅시다.
　책 한 권을 준비해 낭독하며 소리 훈련을 매일매일 해 봅니다.

첫째 날 녹음평가

일주일째 녹음평가

한 달째 녹음평가

(제2장) 스피치를 잘하면 인생을 바꿀 수 있다

①

공감과 동감의 스피치는 적을 만들지 않는다

<공감과 동감 잘하는 방법>

1. 논리와 사실 중심보다는
사람과 감정 중심으로 공감하고 동감하자.

2. 상대의 이야기를 귀로 듣고 마음으로 듣고 몸으로 듣자.

3. 안면 근육 훈련을 통해 표정을 살아 있게 만들자.

말해 봅시다!

다음 질문에 감정 중심으로 말해 봅시다.

Q: 당신의 인생에서 가장 소중하다고 생각하는 것은 무엇인가요?

_____

_____

_____

_____

_____

_____

_____

_____

_____

_____

_____

_____

(제2장) 스피치를 잘하면 인생을 바꿀 수 있다

2

리듬감 있게 말하면 재미있게 말할 수 있다

<리듬감 있게 말하는 방법>

1. 한 문장에서 한 번 이상 단어를 강조해서 말하라.

2. 사투리는 일률적인 리듬이기 때문에
일률적인 리듬은 없애 버리자.

3. T(Time:시간), P(Place:장소),
O(Occasion:상황)에 맞게 말해라.

말해 봅시다!

다음의 질문에 리듬감 있게 말해 봅시다.

Q: 당신이 가장 좋아하는 요일은 무슨 요일인가요?

〈제2장〉 스피치를 잘하면 인생을 바꿀 수 있다

③

몸을 쓰면 생기있게 말할 수 있다

<손을 쓰며 말하는 방법>

1. 어깨선과 허리선 사이에서 손을 써라.

2. 손 옆면을 사용해라.

3. 펜을 사용하는 것도 좋다.

| 말해 봅시다! |

다음의 질문에 손을 적극적으로 활용하며 말해 봅시다.

Q: 가장 기억에 남는 여행지를 소개해 주세요.

〈제2장〉 스피치를 잘하면 인생을 바꿀 수 있다

④

숫자를 쓰면 똑똑한 스피치가 된다

<숫자를 활용하여 스피치 하는 방법>

1. 숫자 3의 법칙을 생각하라.

2. 정확도를 나타내는 수치를 활용하자.

3. 문장 부호를 활용하자.

말해 봅시다!

숫자를 활용해 스피치를 해 봅시다.

Q: 당신이 지금까지 했던 일 중 가장 의미 있었던 일 3가지를 말해 보세요.

〈제3장〉 스피치를 잘하면 인정받는 사람이 된다

①

인정의 욕구를 파악하면 스피치가 쉬워진다

<인정하는 방법>

1. 먼저 자신을 인정하자.

2. 상대방을 인정하자.

3. 강점과 단점을 적어 보고
개선할 수 있는 방법을 적어 보자.

말해 봅시다!

당신을 인정해 주는 말과 타인에게 들었던
가장 당신을 인정한다고 생각했던 말을 적어 봅시다.

나를 인정해 주는 말

_____

_____

_____

_____

_____

타인에게 인정받았던 말

_____

_____

_____

_____

_____

〈제3장〉 스피치를 잘하면 인정받는 사람이 된다

②

연기하듯이 스피치를 하면 살아있는 스피치가 된다

<연기하듯이 스피치 하는 방법>

1. 연기력을 인정받은 배우 영상 보기

2. 배우들의 목소리를 들어 보기

3. 배우들의 대사를 연습해 보기

4. 표정을 지으며 대사 연습하기

5. 상황에 몰입해서 스피치 하기

말해 봅시다!

연기하듯이 말해 봅시다.

Q: 당신의 성별과 같은 연기파 배우 한 명을 정해 모니터하고 따라한 후 자신의 스피치를 분석해 봅시다.

(제3장) 스피치를 잘하면 인정받는 사람이 된다

3

스피치 공포를 이겨내면 말을 잘할 수 있다

<스피치 공포 극복 방법>

1. 아이 콘택트를 할 때는 인중을 보며 말하자.

2. 스트레스는 받지 말되 유스트레스는 받자.

3. 완벽한 스피치를 하려는 마음을 버리자.

말해 봅시다!

상대방의 인중을 보며 말해 봅시다.

Q: 당신은 언제 질투의 감정이 드나요?

〈제3장〉 스피치를 잘하면 인정받는 사람이 된다

④

눈치를 보면 말하기가 어려워진다

<눈치 보지 않고 말하는 방법>

1. 눈치는 보지 않고 빨라야 하는 것이다.

2. 센스 있게 말하자.

3. 유머 스피치를 구사해 보자.

말해 봅시다!

센스 있게 말해 봅시다.

Q: 당신의 좌우명은 무엇인가요?

〈제4장〉 스피치를 잘하면 대우가 달라진다

①

몰입해서 말하면 말을 잘할 수 있다

<몰입해서 말하는 방법>

1. 말할 때 내 이야기에 흠뻑 빠져라.

2. 집중력을 높이는 기억력 훈련을 해라.

3. 몰입하는 상황에 자신을 많이 노출시켜라.

말해 봅시다!

다음 질문에 몰입해서 말해 봅시다.

Q: 당신이 가장 인상 깊게 본 영화는 무엇인가요?

(제4장) 스피치를 잘하면 대우가 달라진다

②

스피치의 중심에는 경청이 있다

<경청하는 방법>

1. 비언어적인 요소와 함께 경청해라.

2. 공감의 표현을 해 주어라.

3. 상대방의 입장을 이해하며 경청해야 한다.

들어 봅시다!

상대방이 이야기하는 주제를 잘 들으며 내용을 정리해 봅시다.

〈제4장〉 스피치를 잘하면 대우가 달라진다

③

말하기의 즐거움을 알면 인생이 즐겁다

<즐겁게 말하는 방법>

1. 여유로운 마음 갖기

2. 인생의 즐거움 찾기

3. 스피치 개선에 시간을 많이 투자하기

말해 봅시다!

다음 질문에 즐겁게 말해 봅시다.

Q:당신의 인생에서 가장 즐거웠던 순간은 언제였나요?

《제4장》 스피치를 잘하면 대우가 달라진다

④

누구나 끼 있게 말할 수 있다

<끼 있게 말하는 방법>

1. 즐기면서 말하자.

2. 재치와 유머 감각을 활용하자.

3. 내 안의 다양성을 찾아보자.

말해 봅시다!

다음 질문에 '끼' 있게 말해 봅시다.

Q: 당신은 휴일에 무엇을 하나요?

(제5장) 스피치를 잘하면 눈도장을 찍을 수 있다

①

에너지가 있으면 생기있게 말할 수 있다

<에너지 있게 스피치 하는 방법>

1. 눈빛, 표정, 스피치에서 모두 에너지를 보여 주자.

2. 명료하고 명확하게 말하자.

3. 리듬감 있게 말하자.

말해 봅시다!

다음 질문에 에너지 있게 말해 봅시다.

Q: 당신이 가장 좋아하는 계절은 언제인가요?

(제5장) 스피치를 잘하면 눈도장을 찍을 수 있다

②

비언어적인 요소는 스피치의 핵심이다

<비언어적인 요소를 활용해 스피치 하는 방법>

1. 손을 쓰면서 스피치를 하자.

2. 세련되게 말하자.

3. 이미지 메이킹을 하자.

말해 봅시다!

다음 질문에 비언어적인 요소를 활용해 말해 봅시다.

Q: 당신은 계획적인 사람인가요? 즉흥적인 사람인가요?

〈제5장〉 스피치를 잘하면 눈도장을 찍을 수 있다

③

직진으로 말하면 설득을 잘할 수 있다

<직진 스피치 하는 방법>

1. 눈치 보지 않고 말한다.

2. 감정 표현을 하려고 노력해 보고 감정 노트에도 감정을 적어 본다.

3. 서운한 게 있다면 참지 말고 말해 본다.

말해 봅시다!

다음 질문에 직진 스피치를 적용해 말해 봅시다.

Q: 당신은 이기적인 사람을 보면 어떤 생각이 드나요?

〈제5장〉 스피치를 잘하면 눈도장을 찍을 수 있다

④

똑똑하게 말하고 싶다면 논리적으로 말해라

<논리적으로 말하는 방법>

1. 감정으로 호소하지 말자.

2. 의견을 뒷받침하는 근거를 말하자.

3. 요점-이유-예시-요점으로 말하라.

4. 책과 친해져라.

말해 봅시다!

다음 질문에 논리적으로 말해 봅시다.

Q: 당신을 표현하는 단어 3가지를 말해 보세요.

SODAM & TAEIL Publishing Co., Ltd